GIDS VOOR BEGINNENDE ADVOCATEN
TOPTIPS EN ETIQUETTE

Copyright melding

Alle rechten voorbehouden. Geen enkel deel van dit boek mag worden gereproduceerd, gedistribueerd of verzonden in welke vorm of op welke manier dan ook, inclusief fotokopiëren, opnemen of enige andere elektronische of mechanische methode, zonder voorafgaande schriftelijke toestemming van de uitgever, behalve zoals toegestaan door de auteursrechtwetgeving.

Inhoudsopgave

Inleiding: Aan de slag in de juridische jungle 1
Uw rol begrijpen 3
Basisbeginselen van juridisch onderwijs 7
Succesvol navigeren door de rechtenstudie 11
Uw eerste baan veiligstellen: navigeren op de juridische arbeidsmarkt 14
Voorbereiden op sollicitatiegesprekken: baan je een weg naar je droombaan 17
Onboarding en oriëntatie: navigeren door uw eerste dagen in de juridische wereld 20
Timemanagement en organisatie: de juridische chaos beheersen 22
Juridisch onderzoek en schrijven: de kracht van overtuigingskracht ontketenen 25
Klantcommunicatie: navigeren door de kunst van een effectieve dialoog 28
Rechtszaaletiquette: navigeren door de rechtszalen met gratie en professionaliteit 31
Onderhandelingstechnieken: de kunst van het overtuigen beheersen 35
Uw professionele netwerk opbouwen: verbindingen smeden en succes bevorderen 38
Een mentor vinden: navigeren op het pad naar professionele begeleiding 41
Voortgezette juridische educatie (CLE): levenslang leren in de advocatuur 44
Specialisatie en certificering: vergroot uw expertise in de juridische arena 47
Juridische ethiek begrijpen: navigeren door het morele kompas van de advocatuur 50

Vertrouwelijkheid en privilege: bescherming van vertrouwen en privacy op juridisch gebied 54
Belangenconflicten: navigeren door ethische grenzen in juridische vertegenwoordiging 57
Professionele integriteit: het handhaven van ethische normen in de juridische arena 60
Evenwicht tussen werk en privéleven: welzijn bevorderen in de advocatuur 63
Bewustzijn van de geestelijke gezondheid: welzijn bevorderen in de juridische gemeenschap 66
Lichamelijke gezondheid: welzijn koesteren tijdens de juridische reis 69
Prestatiebeoordelingen: groei en uitmuntendheid in de juridische praktijk bevorderen 72
Promotie en carrièregroei: navigeren op de weg naar succes in de advocatuur 76
Uw praktijk opbouwen: strategieën voor succes in juridisch ondernemerschap 79
Overgang naar partnerschap: navigeren op de weg naar leiderschap in de advocatuur 82
Technologie in het recht: innovatie benutten voor juridische uitmuntendheid 85
Pro Bono-werk: gerechtigheid dienen en gemeenschappen versterken 89
Mondiale juridische praktijken: navigeren door de complexiteit van het internationaal recht 92
Conclusie 95

Inleiding: Aan de slag in de juridische jungle

Welkom in de wilde en wondere wereld van het recht! Als u dit boek in handen heeft, bent u waarschijnlijk begonnen aan een spannende reis door de advocatuur, en ik kan u vertellen dat het een heel avontuur is. Dus pak je metaforische kapmes, want we staan op het punt om samen door het dichte kreupelhout van de rechtstheorie, rechtszaaldrama en cliëntbegeleiding te hacken.

Voordat je jezelf gaat zien als de volgende Atticus Finch of Alicia Florrick, laten we één ding duidelijk stellen: de juridische jungle is niet voor bangeriken. Het is een plek waar de regels zo glad zijn als paling en waar elke zaak een nieuwe kluwen van doornen oplevert om doorheen te navigeren. Maar vrees niet, onverschrokken lezer! Met de juiste tools, mentaliteit en een vleugje juridische chutzpah zul je in een mum van tijd als een doorgewinterde Tarzan (of Jane) van wijnstokken slingeren en argumenten winnen.

In deze gids zijn wij uw trouwe sherpa's, die u door het verraderlijke terrein van de beginnende advocatuur begeleiden. Van het decoderen van cryptische Latijnse zinnen tot het beheersen van de kunst van het perfecte slotargument, wij staan voor u klaar. Maar voordat we in de kern duiken, laten we even de tijd nemen om het landschap te overzien en ons te oriënteren.

Stel je voor dat je aan de rand van een uitgestrekte juridische savanne staat, terwijl de zon opkomt aan de horizon en haar gouden licht werpt over een landschap bezaaid met torenhoge advocatenkantoren, drukke rechtszalen en af en toe een duistere juridische maas in de wet. Het is een plek waar woorden je wapens zijn, en elke zaak is een strijd om verstand.

Haal nu diep adem en voel de verwachting door je aderen stromen. Dit is niet zomaar een baan; het is een roeping – een kans om de gerechtigheid hoog te houden, de onschuldigen te verdedigen en misschien zelfs een klein stukje geschiedenis te schrijven. Maar onthoud: grote macht brengt grote verantwoordelijkheid met zich mee (bedankt, oom Ben), dus doe uw gordel om en bereid u voor op de rit van uw leven.

In de komende hoofdstukken zullen we alles behandelen, van de basisbeginselen van juridisch onderzoek tot de fijnere punten van de rechtszaaletiquette. We onderzoeken de ins en outs van klantcommunicatie, duiken in de duistere wateren van de juridische ethiek en duiken zelfs onze tenen in de opwindende wereld van het internationaal recht.

Maar deze gids gaat niet alleen over overleven in de juridische jungle; het gaat om bloeien. Het gaat erom je vaardigheden aan te scherpen, je stem te vinden en het soort advocaat te worden dat Atticus zelf goedkeurend zou laten knikken. Dus pak je koffertje, scherp je potloden en laten we samen aan dit grote juridische avontuur beginnen.

Ben je klaar om erin te duiken? Goed. Omdat de juridische jungle op niemand wacht, en er een hele wereld aan zaken bestaat die erop wachten om opgelost te worden. Dus, verstevig je greep op dat metaforische kapmes, beste lezer, en laten we ons een weg banen naar juridische glorie!

Uw rol begrijpen

Oké, laten we beginnen met de kern van het beroep als advocaat: je rol begrijpen. Het is een grote, dus ga zitten en laten we praten.

Allereerst: advocaat zijn is een veelzijdige taak. Het gaat niet alleen om het kennen van de wet; het gaat over het dragen van een tiental verschillende hoeden en weten wanneer je ze moet verwisselen. Het ene moment ben je raadsman, het volgende moment ben je onderzoeker en soms ben je zelfs een beetje detective. Laten we dit dus een beetje opsplitsen.

Als advocaat is uw voornaamste taak het verdedigen van uw cliënt. Dit betekent dat jij hun stem, hun beschermer en soms hun vertrouweling bent. Cliënten komen naar u toe omdat ze iemand nodig hebben die het labyrint van het rechtssysteem begrijpt en hen daarin kan begeleiden. Ze worden mogelijk strafrechtelijk vervolgd, krijgen te maken met een rommelige scheiding of proberen een zakelijke deal te sluiten. Wat hun situatie ook is, ze kijken naar u uit voor antwoorden en ondersteuning. En dit gaat niet alleen over het spuien van juridisch jargon of het citeren van statuten; het gaat erom echt naar hun zorgen te luisteren, hun behoeften te begrijpen en de beste handelwijze te bedenken.

Maar belangenbehartiging is niet waar uw taak eindigt; het is slechts het topje van de ijsberg. Een groot deel van jouw rol bestaat uit onderzoek. We hebben het over jurisprudentie, statuten, juridische tijdschriften en soms zelfs nieuwsartikelen om dat ene stukje informatie te vinden dat het tij in uw voordeel zou kunnen keren. Het is nauwgezet werk, waarvoor vaak lange uren in de bibliotheek of online databases nodig zijn. Maar het is van cruciaal belang omdat de wet voortdurend evolueert, en actueel blijven kan het verschil betekenen tussen het winnen of verliezen van een zaak.

Dan is er het schrijven. Oh jongen, maak je klaar om veel te schrijven. Juridisch schrijven is een beest op zich. Je stelt nota's, moties, pleidooien, contracten en memo's op, allemaal volgens een zeer specifieke stijl en structuur. Elk woord moet zorgvuldig worden gekozen, omdat duidelijkheid en precisie voorop staan. Je schrijft hier niet de volgende grote Amerikaanse roman; u maakt documenten die echte, tastbare gevolgen kunnen hebben voor uw klant.

En laten we de rechtszittingen niet vergeten. Dit is waar de glamour van het advocaat-zijn pas echt tot zijn recht komt – althans dat denken mensen. In werkelijkheid is het optreden in de rechtbank een mengeling van opwindend en zenuwslopend. Of u nu een argument aan een rechter voorlegt, een getuige aan een kruisverhoor ondervraagt of over een schikking onderhandelt, het is uw doel om uw zaak in het best mogelijke licht te presenteren. Dit vereist niet alleen een diepgaand inzicht in de wet, maar ook het vermogen om scherp na te denken. Rechters kunnen curveballs gooien, de tegenpartij kan agressief zijn en getuigen kunnen onvoorspelbaar zijn. Het is jouw taak om kalm, beheerst en overtuigend te blijven, wat er ook gebeurt.

Ook buiten de rechtszaal vervul je de rol van onderhandelaar. Veel juridische zaken worden buiten de rechtbank afgehandeld, en dit vereist andere vaardigheden. Bij onderhandelen gaat het erom een middenweg te vinden, een oplossing die beide partijen tevreden stelt. Het gaat erom dat je weet wanneer je moet doorzetten, wanneer je moet toegeven, en hoe je je argumenten zo moet formuleren dat een schikking aantrekkelijk wordt voor de andere partij. Dit is waar jouw sociale vaardigheden een rol gaan spelen. Het is van cruciaal belang dat u de zaal kunt lezen, de motivaties van de andere partij kunt begrijpen en effectief kunt communiceren.

Dan is er de adviserende rol. Cliënten komen vaak niet alleen bij u voor acute juridische problemen, maar ook voor advies over hoe u deze in de toekomst kunt voorkomen. Dit kan betekenen dat u een bedrijf adviseert over de naleving van de regelgeving, een gezin helpt met vermogensplanning of een non-profitorganisatie adviseert over bestuurskwesties. Hier ben je meer een adviseur die begeleiding en strategieën biedt om door complexe juridische landschappen te navigeren.

Laten we het nu over ethiek hebben, want het is een groot deel van uw rol. Als advocaat bent u gebonden aan een strikte ethische code. Dit betekent dat u de vertrouwelijkheid van de klant respecteert, belangenconflicten vermijdt en altijd in het beste belang van uw klant handelt. Dit kan je soms op lastige plekken brengen. Wat als uw cliënt op de tribune wil liggen? Wat als u halverwege een zaak een belangenconflict ontdekt? Deze situaties vereisen een diep begrip van ethische regels en de moed om ze te handhaven, zelfs als dat moeilijk is.

En laten we de rol van levenslang leren niet over het hoofd zien. De wet is niet statisch; het is een levende, ademende entiteit die met de samenleving mee evolueert. Nieuwe wetten worden aangenomen, oude worden ingetrokken en baanbrekende rechterlijke uitspraken kunnen van de ene op de andere dag juridische precedenten doen verschuiven. Om een effectieve advocaat te zijn, moet u zich inzetten voor voortdurend leren. Dit betekent het bijwonen van juridische seminars, het bijhouden van juridische tijdschriften en soms zelfs terug naar school gaan voor verdere specialisatie.

Over specialisatie gesproken, laten we daar even op ingaan. Het juridische veld is enorm en niemand kan op alle gebieden een expert zijn. In het begin van je carrière zul je je waarschijnlijk bezighouden met verschillende juridische vakgebieden om te zien wat het beste bij je past. Uiteindelijk kun je je specialiseren in iets specifieks, zoals strafrecht, ondernemingsrecht, familierecht of intellectueel eigendom. Specialisatie stelt u in staat diepere expertise te ontwikkelen en een referentiebron te worden op het door u gekozen vakgebied.

En tot slot: laten we de zakelijke kant van het advocaatschap niet vergeten. Of u nu bij een groot bedrijf, een klein partnerschap of een solopraktijk werkt, het begrijpen van de zakelijke aspecten van het runnen van een juridische praktijk is van cruciaal belang. Dit omvat klantbeheer, facturering, marketing en zelfs het aansturen van ondersteunend personeel. Een succesvolle advocaat blinkt niet alleen uit in het beoefenen van de advocatuur, maar ook in het efficiënt beheren van zijn praktijk.

Concluderend betekent het begrijpen van uw rol als advocaat dat u erkent dat u een pleitbezorger, een onderzoeker, een schrijver, een onderhandelaar, een adviseur, een ethische voogd, een levenslange leerling, een specialist en een zakenman in één bent. Het is een uitdagend, maar ongelooflijk dankbaar beroep. Je krijgt de kans om een echt verschil te maken in de levens van mensen, om voor gerechtigheid te vechten en om voortdurend te leren en te groeien. Omarm dus de veelzijdige aard van uw rol, blijf nieuwsgierig en stop nooit met het streven naar uitmuntendheid. Welkom in de juridische jungle. Je gaat het geweldig doen.

Basisbeginselen van juridisch onderwijs

Voor een reis naar de advocatuur is een solide educatieve basis vereist. Dit hoofdstuk is bedoeld om u een uitgebreid overzicht te geven van de belangrijkste elementen van juridisch onderwijs, van de cursussen die u moet volgen tot de vaardigheden die u moet ontwikkelen. Of u nu net begint aan een rechtenstudie of midden in uw studie zit, als u deze essentiële zaken begrijpt, kunt u uw educatieve pad effectief volgen.

Allereerst: laten we het hebben over de basisbeginselen van de rechtenstudie. De meeste rechtenfaculteiten bieden een driejarig Juris Doctor (JD)-programma aan, wat in veel landen, waaronder de Verenigde Staten, de standaardroute is om praktiserend advocaat te worden. Het eerste jaar, gewoonlijk 1L genoemd, is doorgaans het meest rigoureus. Het is het moment waarop u de basis legt voor uw juridische opleiding door kerncursussen te volgen, zoals contracten, onrechtmatige daad, burgerlijk procesrecht, strafrecht, eigendom en juridisch schrijven. Deze onderwerpen vormen de basis van uw juridische kennis en zijn cruciaal voor het begrijpen van de meer complexe rechtsgebieden waarmee u later te maken krijgt.

Laten we dieper ingaan op enkele van deze kernonderwerpen. Contracten leert u bijvoorbeeld over het tot stand komen en afdwingen van overeenkomsten, wat van fundamenteel belang is voor zowel het personen- als het ondernemingsrecht. Torts dekt burgerlijke onrecht en schade en laat u kennismaken met concepten als nalatigheid en aansprakelijkheid. Civiele rechtsvordering gaat over de regels en processen die rechtbanken volgen in civiele rechtszaken. Het strafrecht richt zich daarentegen op misdaden en het strafrechtelijk systeem, waardoor je inzicht krijgt in alles, van diefstal tot moord. Het eigendomsrecht gaat over eigendom en rechten op grond en persoonlijke eigendommen. Ten slotte is het bij Juridisch schrijven de plek waar u uw vermogen aanscherpt om briefings, memo's en andere juridische documenten te schrijven - een essentiële vaardigheid voor elke advocaat.

Naarmate je doorgaat naar je tweede en derde jaar (2L en 3L), wordt het curriculum flexibeler, waardoor je keuzevakken kunt kiezen op basis van je interesses en carrièredoelen. Dit is het moment om na te denken over specialisatie. Voel jij je aangetrokken tot het ondernemingsrecht, het milieurecht, het familierecht of misschien wel intellectueel eigendomsrecht? Uw keuze aan keuzevakken kan u helpen expertise op te bouwen op het gebied van uw voorkeur. Cursussen als bewijsmateriaal, constitutioneel recht en professionele verantwoordelijkheid zijn ook vaak vereist en zijn van cruciaal belang voor het vormgeven van uw begrip van juridische procedures en ethische normen.

Laten we het nu over vaardigheden hebben. Naast de theoretische kennis die je opdoet door cursussen, gaat de rechtenstudie ook over het ontwikkelen van een reeks praktische vaardigheden die je gedurende je hele carrière van pas zullen komen. Kritisch denken vormt de kern van juridische analyse. Je leert zaken ontleden, belangrijke kwesties identificeren en juridische principes toepassen op verschillende scenario's. Analytisch redeneren gaat hand in hand met kritisch denken, waardoor u argumenten en bewijsmateriaal systematisch kunt evalueren.

Juridisch onderzoek is een andere hoeksteenvaardigheid. Weten hoe u jurisprudentie, statuten en regelgeving efficiënt kunt vinden en interpreteren, is van fundamenteel belang voor het opbouwen van sterke juridische argumenten. Tijdens uw juridische onderzoeks- en schrijfcursussen zult u bedreven raken in het gebruik van juridische databases zoals Westlaw en LexisNexis, die onmisbare hulpmiddelen zijn voor elke praktiserende advocaat.

Mondelinge belangenbehartiging is net zo belangrijk. Of u nu een zaak bepleit voor de rechtbank of onderhandelt over een schikking, helder en overtuigend kunnen communiceren is van cruciaal belang.

Pleitwedstrijden, proefprocessen en debatclubs bieden uitstekende mogelijkheden om deze vaardigheden in een gesimuleerde omgeving te oefenen.

Een aspect van juridisch onderwijs dat vaak over het hoofd wordt gezien, is het belang van stages en externe stages. Deze ervaringen uit de echte wereld zijn van onschatbare waarde. Ze bieden praktisch inzicht in hoe de wet buiten het klaslokaal wordt toegepast, bieden netwerkmogelijkheden en helpen vaak bij het veiligstellen van een baan na het afstuderen. Probeer stages te bemachtigen in verschillende omgevingen (particuliere advocatenkantoren, organisaties van openbaar belang, overheidsinstanties) om een goed beeld te krijgen van het juridische landschap.

Juridische evaluatie en lidmaatschap van tijdschriften zijn ook zeer nuttig. Door aan deze activiteiten deel te nemen, scherpt u uw onderzoeks- en schrijfvaardigheden aan en verbetert u uw cv. Werkgevers staan vaak positief tegenover kandidaten die hebben bijgedragen aan een juridisch tijdschrift, omdat dit blijk geeft van toewijding aan de wetenschap en het vermogen om juridisch geschrift van hoge kwaliteit te produceren.

Laten we de voorbereiding van de bar niet vergeten. Naarmate u het einde van uw rechtenstudie nadert, wordt de voorbereiding van het bar-examen van het grootste belang. Het balie-examen is een rigoureuze test van uw juridische kennis en vaardigheden, en het behalen ervan is essentieel om een gediplomeerd advocaat te worden. Veel rechtsscholen bieden barvoorbereidingscursussen aan, en er zijn talloze commerciële barbeoordelingsprogramma's die uitgebreid studiemateriaal en oefenexamens bieden. Begin vroeg met de voorbereiding en profiteer van alle beschikbare middelen.

Netwerken is een ander cruciaal onderdeel van uw juridische opleiding. Het opbouwen van relaties met professoren, klasgenoten en professionals in het veld kan deuren openen naar vacatures en mentorschap bieden. Woon rechtenstudie-evenementen bij, sluit je aan bij studentenorganisaties en overweeg om lid te worden van beroepsverenigingen zoals de American Bar Association of lokale balieverenigingen.

Onderschat ten slotte het belang van het ontwikkelen van goede studiegewoonten en tijdmanagementvaardigheden niet. De rechtenstudie kan ongelooflijk veeleisend zijn, en het balanceren van cursussen, stages en privéleven vereist een zorgvuldige planning en discipline. Maak een studieschema, stel realistische doelen en maak tijd vrij voor zelfzorg om een burn-out te voorkomen.

Samenvattend is juridisch onderwijs een veelzijdige reis waarbij het beheersen van kernvakken, het ontwikkelen van praktische vaardigheden, het opdoen van praktijkervaring en het opbouwen van een professioneel netwerk een rol spelen. Door deze essentiële zaken te begrijpen en te omarmen, bent u goed toegerust om door de rechtenstudie te navigeren en een solide basis te leggen voor een succesvolle juridische carrière. Bedenk dat rechtenstudie niet alleen gaat over het verwerven van kennis; het gaat erom een veelzijdige, ethische en effectieve pleitbezorger voor gerechtigheid te worden. Duik er dus vol enthousiasme in, blijf nieuwsgierig en blijf jezelf pushen om te leren en te groeien. De advocatuur wacht op jou en met de juiste voorbereiding ben jij klaar om jouw stempel te drukken.

Succesvol navigeren door de rechtenstudie

Oké, laten we het hebben over het beest dat rechten studeert en hoe je het kunt overwinnen als een doorgewinterde professional. Of je nu net aan je reis begint of al diep in de jurisprudentie zit, een succesvolle rechtenstudie vereist een combinatie van strategie, doorzettingsvermogen en een vleugje gezond verstand. Dus pak je highlighters en laten we erin duiken.

Laten we eerst de olifant in de kamer aankaarten: rechten studeren is zwaar. Echt zwaar. De werkdruk is intens, de concurrentie kan hevig zijn en de inzet is hoog. Maar wees niet bang, beste lezer, want met de juiste mentaliteit en aanpak kun je niet alleen overleven, maar ook gedijen op je rechtenstudie.

Dus, wat is de geheime saus? Nou, het begint met timemanagement. Serieus, als er één vaardigheid is die je moet beheersen op de rechtenstudie, dan is het tijdmanagement. Tussen het lezen van opdrachten, het schrijven van papers, het bijwonen van lessen en buitenschoolse activiteiten, zal je schema krapper zijn dan een sardineblikje. De sleutel is om meedogenloos prioriteiten te stellen. Zoek uit wat er absoluut elke dag, elke week en elke maand gedaan moet worden, en concentreer je energie daarop. En vergeet niet ook wat vrije tijd in te plannen; een burn-out bestaat echt, mensen.

Laten we het nu hebben over lezen. Oh jongen, maak je klaar om te lezen - veel. De rechtenstudie is als een eindeloze boekenclub uit de hel. Je krijgt elke week honderden pagina's met dikke juridische tekst toegewezen, en het is aan jou om het allemaal te verwerken. Maar wees niet bang, want er zijn enkele trucjes om je te helpen het leesbeest te verslaan. Leer eerst effectief te skimmen. In dergelijke gevallen is niet elk woord cruciaal, dus train je hersenen om de belangrijkste punten te identificeren en verder te gaan. Ten tweede: overweeg om een studiegroep te vormen. Door cases met klasgenoten te lezen, kun je verantwoordelijk blijven en nieuwe perspectieven krijgen op complexe juridische kwesties.

Laten we het nu over klasse hebben. Ja, je moet eigenlijk naar de rechtenstudie gaan. Schokkend, ik weet het. Maar serieus: het bijwonen van lezingen en deelname aan discussies zijn cruciaal voor het begrijpen van de stof en het opbouwen van relaties met professoren. Bovendien geven sommige professoren graag hints over wat er op het examen zou kunnen verschijnen, dus let op!

Over examens gesproken: laten we het gevreesde probleem van de rechtenstudie-examens bespreken. Ze lijken op een overgangsritueel, maar dat betekent niet dat ze angstaanjagend hoeven te zijn. De sleutel tot examensucces is voorbereiding. Begin vroeg met studeren, schets je aantekeningen en oefen, oefen, oefen. En vergeet de oefenexamens niet: ze zijn je beste vriend. Hoe bekender u bent met het formaat en de stijl van examens voor de rechtenfaculteit, des te beter u in staat bent om ze te behalen.

Laten we het nu hebben over buitenschoolse activiteiten. Ja, je hebt tijd voor extracurriculaire vakken op de rechtenstudie – geloof me. Of je nu lid wordt van een studentenorganisatie, deelneemt aan een pleitwedstrijd of schrijft voor de juridische beoordeling, betrokkenheid buiten het klaslokaal kan je rechtenstudie-ervaring verrijken en je CV versterken. Zorg er wel voor dat u zich niet te veel inzet – onthoud: tijdmanagement!

Laten we zelfzorg niet vergeten. Ik weet het, ik weet het, het klinkt cliché, maar het is cruciaal. Een rechtenstudie kan mentaal en emotioneel uitputtend zijn, dus het is belangrijk om voor jezelf te zorgen. Beweeg regelmatig, eet goed, zorg voor voldoende slaap en wees niet bang om ondersteuning te zoeken als je die nodig hebt. Of je nu met een vriend, een familielid of een professional in de geestelijke gezondheidszorg praat, het is prima om om hulp te vragen.

En last but not least, laten we het hebben over netwerken. Het opbouwen van relaties met klasgenoten, professoren en juridische professionals kan deuren openen naar vacatures en mentorschap. Woon netwerkevenementen bij, sluit je aan bij studentenorganisaties en profiteer van de alumninetwerken die je school aanbiedt. Je weet nooit wie je tegenkomt of welke kansen zich voordoen.

Concluderend: bij een succesvolle rechtenstudie draait alles om evenwicht, tijdmanagement, voorbereiding en zelfzorg. Het is een marathon, geen sprint, dus houd je tempo vast en wees niet te streng voor jezelf als je onderweg struikelt. Vergeet niet dat u niet de enige bent: uw klasgenoten, professoren en ondersteunende netwerken steunen allemaal uw succes. Houd dus de prijs in de gaten, blijf gefocust, en voor je het weet, overschrijd je die fase met je diploma rechten in de hand. Je hebt dit!

Uw eerste baan veiligstellen: navigeren op de juridische arbeidsmarkt

Oké, laten we een duik nemen in de opwindende wereld van het veiligstellen van je eerste baan als beginnende advocaat. Of je nu op het punt staat af te studeren aan de rechtenstudie of al net afgestudeerd bent en op zoek bent naar je eerste baan, de juridische arbeidsmarkt kan een lastig doolhof lijken. Maar wees niet bang, want met de juiste aanpak, een beetje doorzettingsvermogen en een beetje geluk kun je de perfecte gelegenheid vinden om je juridische carrière een vliegende start te geven.

Laten we eerst de strategie bespreken. Het veiligstellen van uw eerste baan vereist een veelzijdige aanpak die netwerken, solliciteren naar functies en het onder de aandacht brengen van uw vaardigheden en ervaring combineert. Het is niet genoeg om gewoon achterover te leunen en te wachten tot er zich kansen voordoen; je moet proactief en strategisch zijn bij het zoeken naar een baan.

Netwerken is de sleutel. Ik kan dit niet genoeg benadrukken. Het opbouwen van relaties met advocaten, alumni, professoren en andere juridische professionals kan deuren openen naar vacatures waarvan u misschien niet eens wist dat ze bestonden. Woon juridische evenementen bij, word lid van beroepsverenigingen en neem contact op met mensen in het door u gewenste vakgebied voor informatieve interviews. Wees niet bang om jezelf op de voorgrond te plaatsen en verbindingen te leggen; je weet immers nooit wie een aanwijzing kan hebben over jouw droombaan.

Laten we het vervolgens hebben over cv's en sollicitatiebrieven. Je CV is je eerste indruk op potentiële werkgevers, dus het is van cruciaal belang dat je deze indruk maakt. Pas uw CV aan voor elke baan waarvoor u solliciteert, waarbij u relevante vaardigheden, ervaringen en prestaties benadrukt. En vergeet uw sollicitatiebrief niet: dit is uw kans om uw verhaal te vertellen en uit te leggen waarom u perfect bij de functie past. Houd het beknopt, professioneel en foutloos, en zorg ervoor dat u het voor elke toepassing aanpast.

Laten we het nu hebben over vacaturesites. Hoewel netwerken van onschatbare waarde is, kunnen vacaturesites ook een waardevol hulpmiddel zijn bij het zoeken naar een baan. Websites zoals Indeed, LinkedIn en Lawjobs.com hebben vaak vermeldingen voor juridische posities op instapniveau. Stel vacature-alerts in, blader regelmatig door de vacatures en wees niet bang om een breed internet uit te zenden. Je weet nooit waar je volgende kans vandaan komt.

Juridische recruiters kunnen ook een waardevolle hulpbron zijn. Deze professionals zijn gespecialiseerd in het matchen van kandidaten met vacatures bij advocatenkantoren, juridische afdelingen van bedrijven, overheidsinstanties en andere juridische organisaties. Neem contact op met juridische recruiters bij u in de buurt, dien uw CV in en laat hen weten wat u zoekt in een baan. Zij kunnen u helpen contact te leggen met mogelijkheden die aansluiten bij uw vaardigheden en carrièredoelen.

Een andere mogelijkheid om te verkennen zijn stages en externe stages. Deze kortetermijnposities kunnen waardevolle praktische ervaring opleveren, u helpen uw cv op te bouwen en mogelijk op termijn tot een voltijdbaan leiden. Neem contact op met advocatenkantoren, overheidsinstanties en non-profitorganisaties in uw regio om te informeren naar stagemogelijkheden. Zelfs als ze geen vacatures hebben, kan het nooit kwaad om het te vragen.

Laten we het nu hebben over de voorbereiding van sollicitatiegesprekken. Een sollicitatiegesprek binnenhalen is het halve werk, dus het is belangrijk om een sterke indruk te maken als je de kans krijgt. Doe vooraf onderzoek naar het bedrijf of de organisatie, oefen uw antwoorden op veelgestelde sollicitatievragen en wees bereid om uw kwalificaties en ervaringen in detail te bespreken. Kleed u professioneel, kom op tijd en neem kopieën van uw cv en andere relevante documenten mee. En vergeet niet om na het sollicitatiegesprek een bedankbriefje te sturen; het is een eenvoudig gebaar dat veel kan betekenen.

Een aspect van het zoeken naar een baan dat vaak over het hoofd wordt gezien, is het belang van het opbouwen van een online aanwezigheid. In het huidige digitale tijdperk doen werkgevers vaak online onderzoek naar kandidaten voordat ze een wervingsbeslissing nemen. Zorg ervoor dat uw LinkedIn-profiel up-to-date en professioneel is, en overweeg om een persoonlijke website of blog te maken om uw werk en prestaties onder de aandacht te brengen. Houd uw sociale-mediaprofielen schoon en professioneel, en let op wat u online plaatst: het kan u blijven achtervolgen.

Laten we het tenslotte hebben over doorzettingsvermogen. De legale arbeidsmarkt kan competitief zijn en afwijzing hoort daarbij. Raak niet ontmoedigd als je niet meteen je droombaan krijgt. Blijf netwerken, blijf solliciteren en blijf je vaardigheden aanscherpen. Je eerste baan is misschien niet je droombaan, maar het is een opstapje naar grotere en betere kansen op de weg.

Kortom, het veiligstellen van uw eerste baan als advocaat vereist een proactieve, strategische aanpak die netwerken, solliciteren naar functies en het onder de aandacht brengen van uw vaardigheden en ervaring combineert. Door gebruik te maken van uw professionele netwerk, uw sollicitatiemateriaal aan te passen, verschillende mogelijkheden voor het zoeken naar een baan te verkennen en u grondig voor te bereiden op sollicitatiegesprekken, kunt u uw kansen op het bemachtigen van die felbegeerde eerste baan vergroten. Bedenk dat Rome niet in één dag is gebouwd, en een succesvolle juridische carrière is dat ook niet. Blijf dus gefocust en volhardend, en voordat u het weet, bent u goed op weg om uw carrièredoelen te bereiken. Succes!

Voorbereiden op sollicitatiegesprekken: baan je een weg naar je droombaan

Oké, doe je gordel om, want we duiken in de kern van de voorbereiding van sollicitatiegesprekken. Of je nu op zoek bent naar je eerste juridische baan of een hoger niveau wilt bereiken in je carrière, het sollicitatiegesprek is van cruciaal belang. Laten we dus onze mouwen opstropen en u voorbereiden om die wervingsmanagers te verbazen.

De eerste dingen eerst: onderzoek, onderzoek, onderzoek. Ik kan dit niet genoeg benadrukken. Voordat u er zelfs maar aan denkt om die sollicitatiekamer binnen te stappen, moet u alles weten wat er te weten valt over het bedrijf of de organisatie waarmee u solliciteert. Welk soort recht beoefenen zij? Wat zijn hun kernwaarden? Wie zijn hun belangrijkste klanten of partners? Hoe meer u weet, hoe beter u toegerust bent om uw antwoorden op maat te maken en uw enthousiasme voor de functie te tonen.

Laten we het vervolgens hebben over de klassieke interviewvragen. Je kent de vragen waar ik het over heb. Vertel me iets over jezelf, wat zijn je sterke en zwakke punten, waarom wil je hier werken, enz. Deze vragen lijken misschien simpel, maar het zijn vaak de vragen die mensen doen struikelen. De sleutel is om uw antwoorden vooraf te oefenen, zodat u zelfverzekerd en beknopt kunt antwoorden. En vergeet niet enkele specifieke voorbeelden uit uw ervaringen uit het verleden toe te voegen om uw beweringen te onderbouwen.

Laten we het nu hebben over de curveballs. Elk interview heeft ze: de onverwachte vragen die je overrompelen en je laten zoeken naar een antwoord. De sleutel tot het omgaan met deze vragen is kalm blijven, nadenken en eerlijk zijn. Als u het antwoord niet weet, kunt u dat gerust zeggen. Zorg ervoor dat u een doordacht antwoord geeft of een voorbeeld geeft van hoe u het antwoord zou vinden.

Een aspect van de sollicitatievoorbereiding dat vaak over het hoofd wordt gezien, is het belang van het oefenen van je elevator pitch. Dit is je kans om kort en bondig samen te vatten wie je bent, wat je doet en waarom je perfect bij de baan past, en dat allemaal in de tijd die het kost om met de lift te rijden. Het is een waardevol hulpmiddel voor netwerkevenementen, carrièrebeurzen en, je raadt het al, sollicitatiegesprekken. Werk dus uw elevator pitch bij en wees klaar om deze met vertrouwen uit te voeren.

Laten we het nu over kleding hebben. Ja, uiterlijk is belangrijk, vooral in de advocatuur. Als u zich professioneel kleedt, toont u respect voor het sollicitatieproces en toont u aan dat u de normen en verwachtingen van de branche begrijpt. Wees bij twijfel voorzichtig en kies voor conservatieve kleding. Een goed passend pak, gepoetste schoenen en minimale accessoires zijn de beste keuze.

Laten we het vervolgens hebben over de logistiek. Zorg ervoor dat u de logistiek van het sollicitatiegesprek kent: waar het plaatsvindt, met wie u de afspraak maakt en hoe u daar komt. Kom vroeg, maar niet te vroeg (tien tot vijftien minuten is de beste plek) en neem kopieën van je cv en andere relevante documenten mee. En vergeet niet uw telefoon uit te zetten; u wilt niet dat deze midden in uw sollicitatiegesprek overgaat!

Laten we het nu over lichaamstaal hebben. Non-verbale signalen kunnen boekdelen spreken in een interview, dus het is belangrijk om aandacht te besteden aan je lichaamstaal. Houd oogcontact, zit rechtop en vermijd friemelen of uw armen over elkaar slaan. Een stevige handdruk en een oprechte glimlach kunnen een grote bijdrage leveren aan het maken van een positieve indruk.

Last but not least, laten we het hebben over de follow-up. Zorg ervoor dat u na het sollicitatiegesprek een bedankbriefje naar uw interviewer(s) stuurt, waarin u uw dankbaarheid voor de kans uitdrukt en uw interesse in de functie herhaalt. Het is een eenvoudig gebaar dat een blijvende indruk kan achterlaten en waarmee u zich kunt onderscheiden van andere kandidaten.

Kortom: bij de voorbereiding op sollicitatiegesprekken draait alles om onderzoek, oefenen en vertrouwen. Door het bedrijf grondig te onderzoeken, uw antwoorden op veelgestelde sollicitatievragen te oefenen en aandacht te besteden aan uw uiterlijk en lichaamstaal, kunt u uw kansen op succes vergroten en die droombaan binnenhalen. Dus ga je gang: doe het werk, laat zien waar je goed in bent en laat je juridische vaardigheden schitteren. Succes!

Onboarding en oriëntatie: navigeren door uw eerste dagen in de juridische wereld

Gefeliciteerd! U heeft uw eerste baan op juridisch gebied gevonden en nu is het tijd om aan uw onboarding- en oriëntatietraject te beginnen. Dit is jouw kans om kennis te maken met je nieuwe werkplek, je collega's te ontmoeten en de kneepjes van je nieuwe rol te leren kennen. Dus laten we erin duiken en ervoor zorgen dat je goed van start gaat.

Laten we het eerst hebben over de logistiek. Uw eerste werkdag kan overweldigend zijn, dus het is belangrijk om te weten wat u kunt verwachten. Zorg ervoor dat u al het benodigde papierwerk hebt ingevuld en alle vereiste documentatie (zoals identificatie- en bankgegevens) bij de hand hebt. Maak uzelf vertrouwd met de dresscode, kantooruren en andere beleidsregels of procedures die u moet volgen.

Laten we het nu over de introductie hebben. Op je eerste dag zul je waarschijnlijk veel nieuwe gezichten ontmoeten, dus het is belangrijk om een goede indruk te maken. Glimlach, maak oogcontact en bied een stevige handdruk aan als u uw collega's ontmoet. Onthoud hun namen en wees niet bang om vragen te stellen of een gesprek te beginnen; het is een geweldige manier om het ijs te breken en relaties op te bouwen.

Laten we het nu hebben over het wennen. Uw HR-afdeling heeft waarschijnlijk een uitgebreid onboardingprogramma om u te helpen wennen aan uw nieuwe rol en de organisatie als geheel. Dit kunnen onder meer oriëntatiesessies, trainingsprogramma's en introducties voor sleutelpersoneel zijn. Profiteer van deze hulpmiddelen: ze zijn ontworpen om u succesvol te maken in uw nieuwe functie.

Tijdens uw onboardingproces wilt u ook vertrouwd raken met de tools en systemen die u dagelijks gaat gebruiken. Dit kunnen softwareprogramma's, databases en communicatiemiddelen zijn. Wees niet bang om hulp te vragen als je die nodig hebt; je collega's zijn er om je te ondersteunen terwijl je de kneepjes van het vak leert.

Laten we het vervolgens hebben over het stellen van verwachtingen. Uw manager zal tijdens uw eerste week waarschijnlijk met u om de tafel zitten om uw rol, verantwoordelijkheden en doelstellingen te bespreken. Dit is uw kans om vragen te stellen, verwachtingen te verduidelijken en een idee te krijgen van hoe succes eruit ziet in uw nieuwe functie. Sta open en ontvankelijk voor feedback en aarzel niet om eventuele zorgen of uitdagingen waarmee u wordt geconfronteerd te melden.

Laten we het nu hebben over de integratie in het team. Het opbouwen van relaties met uw collega's is cruciaal voor uw succes in uw nieuwe rol. Neem de tijd om je teamgenoten te leren kennen, zowel professioneel als persoonlijk. Bied aan om te helpen waar je kunt, en wees proactief bij het zoeken naar mogelijkheden om samen te werken en bij te dragen aan teamprojecten.

Vergeet niet voor uzelf te zorgen terwijl u zich in uw nieuwe rol vestigt. De overstap naar een nieuwe baan kan stressvol zijn, dus het is belangrijk om in deze periode prioriteit te geven aan zelfzorg. Maak tijd vrij voor lichaamsbeweging, ontspanning en activiteiten waar u buiten uw werk plezier aan beleeft. En wees niet bang om op uw ondersteuningsnetwerk te vertrouwen voor begeleiding en aanmoediging terwijl u door dit nieuwe hoofdstuk in uw carrière navigeert.

Concluderend: onboarding en oriëntatie zijn cruciale stappen in uw reis als nieuwe medewerker in de juridische wereld. Door uzelf vertrouwd te maken met uw nieuwe werkplek, relaties op te bouwen met uw collega's en duidelijke verwachtingen te stellen voor uw rol, kunt u een vliegende start maken en uzelf voorbereiden op succes in uw nieuwe functie. Grijp dus de kans om te leren en te groeien, en bereid je voor om jouw stempel te drukken in de juridische wereld!

Timemanagement en organisatie: de juridische chaos beheersen

Welkom in de chaotische wereld van de juridische praktijk, waar deadlines als onweerswolken opdoemen en tijd altijd van essentieel belang is. In deze snelle omgeving is het beheersen van tijdmanagement en organisatie niet alleen een vaardigheid, het is een overlevingstactiek. Pak dus je agenda en je to-do-lijst erbij, want we duiken in de kunst van het regelen van chaos en het overwinnen van de overwinning.

Laten we beginnen met de basis: tijdmanagement. In de juridische wereld is tijd uw kostbaarste hulpbron, en de manier waarop u deze besteedt, kan uw succes maken of breken. De sleutel is om meedogenloos prioriteiten te stellen. Begin elke dag door uw belangrijkste taken te identificeren en deze als eerste aan te pakken. Of het nu gaat om het opstellen van een opdracht, het uitvoeren van onderzoek of het ontmoeten van een klant, richt uw energie op de taken die de grootste impact op uw werk zullen hebben.

Laten we het vervolgens hebben over het stellen van doelen. Het hebben van duidelijke, uitvoerbare doelen is essentieel om gefocust en gemotiveerd te blijven in de advocatuur. Of het nu gaat om het binnenhalen van een nieuwe cliënt, het winnen van een zaak of het beheersen van een nieuw rechtsgebied: stel specifieke, meetbare doelen die aansluiten bij uw langetermijndoelstellingen. Verdeel ze in kleinere, beheersbare taken en houd gaandeweg uw voortgang bij.

Laten we het nu over plannen hebben. Een goed doordacht plan kan het verschil betekenen tussen vlot varen en neerstorten op de rotsen. Neem de tijd om uw dag, week en maand in kaart te brengen en deadlines, vergaderingen en andere verplichtingen te identificeren. Gebruik hulpmiddelen zoals kalenders, takenlijsten en projectbeheersoftware om uzelf georganiseerd en op koers te houden. En vergeet niet om buffertijd in te bouwen voor onverwachte vertragingen of noodsituaties; het is beter om te overschatten dan te onderschatten.

Een aspect van tijdmanagement dat vaak over het hoofd wordt gezien, is het belang van het stellen van grenzen. In een beroep waar werkverslaving praktisch een ereteken is, kun je gemakkelijk in de valkuil trappen van 24 uur per dag werken. Maar een burn-out is een reëel gevaar en het is belangrijk om prioriteit te geven aan uw fysieke en mentale welzijn. Stel grenzen aan uw werkuren, neem regelmatig pauze en maak tijd vrij voor activiteiten buiten het werk om uw batterijen op te laden.

Laten we het hebben over delegatie. Als advocaat wordt niet van je verwacht dat je alles zelf doet. Leer taken te delegeren aan ondersteunend personeel, junior medewerkers of zelfs technologie wanneer dat nodig is. Delegeren maakt niet alleen tijd vrij om u te concentreren op werk met een hogere waarde, maar helpt ook bij het ontwikkelen van de vaardigheden en capaciteiten van uw teamleden.

Laten we het nu hebben over georganiseerd blijven. In een beroep waar papiersporen de hoofdrol spelen, is het van cruciaal belang dat u uw bestanden, documenten en aantekeningen overzichtelijk houdt. Ontwikkel een systeem voor het organiseren van uw digitale en fysieke bestanden, of het nu per zaak, klant of onderwerp is. Gebruik labels, mappen en kleurcodering om alles netjes en opgeruimd te houden, en zorg ervoor dat uw systeem gemakkelijk toegankelijk en schaalbaar is naarmate uw werklast groeit.

Over organisatie gesproken, laten we het hebben over e-mailbeheer. In de juridische wereld is e-mail het belangrijkste communicatiemiddel, en uw inbox kan gemakkelijk een bodemloze put van ongelezen berichten worden. Ontwikkel een systeem voor het beheren van uw e-mail, of het nu gaat om het gebruik van mappen, labels of filters om binnenkomende berichten te prioriteren en te categoriseren. Maak elke dag tijd vrij om uw e-mails te verwerken en weersta de drang om voortdurend uw inbox te controleren: het is een productiviteitsmoordenaar.

Laten we het nu eens hebben over nee zeggen. Als advocaat wordt u vaak in een miljoen verschillende richtingen getrokken, waarbij er concurrerende eisen worden gesteld aan uw tijd en aandacht. Leren nee zeggen – beleefd maar resoluut – is een essentiële vaardigheid om uw tijd en energie te beschermen. Evalueer elk verzoek dat op uw pad komt, en wees selectief over waar u uw middelen in investeert.

Laten we het hebben over continue verbetering. De advocatuur evolueert voortdurend, en om voorop te blijven lopen is een inzet voor levenslang leren en ontwikkeling vereist. Maak tijd vrij voor professionele ontwikkelingsactiviteiten, of het nu gaat om het bijwonen van seminars, het volgen van online cursussen of het lezen van juridische tijdschriften. Investeer in jezelf en je vaardigheden, en je zult de vruchten plukken in je carrière.

Last but not least, laten we het hebben over reflectie. Neem de tijd om regelmatig na te denken over uw tijdmanagement- en organisatiepraktijken, waarbij u vaststelt wat goed werkt en wat verbeterd kan worden. Wees eerlijk tegen jezelf over waar je tekortschiet en wees proactief in het aanbrengen van wijzigingen om eventuele zwakke punten aan te pakken. Continue verbetering is een reis, geen bestemming, en waakzaam blijven is de sleutel tot het behouden van topprestaties.

Concluderend: het beheersen van tijdmanagement en -organisatie is essentieel voor succes in de advocatuur. Door meedogenloos prioriteiten te stellen, duidelijke doelen te stellen, strategisch te plannen en georganiseerd te blijven, kunt u met vertrouwen en gemak door de chaos van de juridische praktijk navigeren. Dus omarm de chaos, scherp je organisatorische vaardigheden aan en bereid je voor om de juridische wereld te veroveren!

Juridisch onderzoek en schrijven: de kracht van overtuigingskracht ontketenen

Welkom bij het brood en de boter van de advocatuur: juridisch onderzoek en schrijven. In de juridische wereld is de pen echt machtiger dan het zwaard, en het beheersen van de kunst van juridisch onderzoek en juridisch schrijven is essentieel voor succes. Pak dus uw markeerstift en uw vertrouwde juridische woordenboek erbij, want we duiken in de wereld van jurisprudentie, statuten en overtuigend proza.

Laten we beginnen met juridisch onderzoek. In de kern gaat juridisch onderzoek over het vinden van de speld in de hooiberg: de jurisprudentie, statuten, regelgeving en andere juridische bronnen die uw betoog zullen ondersteunen of uw standpunt zullen versterken. Of u nu een brief opstelt, een proces voorbereidt of een cliënt adviseert, het hebben van een sterke basis van juridische onderzoeksvaardigheden is essentieel.

Dus, waar begin je? Welnu, het begint allemaal met het begrijpen van de juridische kwestie die voorhanden is. Wat zijn de belangrijkste feiten van de zaak? Wat zijn de relevante rechtsbeginselen en doctrines? Zodra u het probleem duidelijk begrijpt, is het tijd om de boeken in te duiken – of, waarschijnlijker, de online databases.

Juridisch onderzoek kan een beetje lijken op speurwerk, waarbij u jurisprudentie, statuten en secundaire bronnen moet doorzoeken om relevante autoriteiten en overtuigende argumenten te vinden. Begin met primaire bronnen, zoals jurisprudentie en statuten, en gebruik trefwoorden en Booleaanse operatoren om uw zoekopdracht te verfijnen en relevante autoriteit te vinden. Duik vervolgens in secundaire bronnen zoals juridische encyclopedieën, verhandelingen en wetsartikelen om uw begrip van de kwestie te verdiepen en aanvullende autoriteiten te identificeren.

Zorg ervoor dat u tijdens uw onderzoek de autoriteit en relevantie van de gevonden bronnen evalueert. Niet alle zaken zijn gelijk, en het is belangrijk om prioriteit te geven aan zaken die bindend zijn voor de rechtbank waarvoor u verschijnt of die overtuigende waarde hebben in uw rechtsgebied. Zoek naar zaken met vergelijkbare feiten of juridische kwesties als de jouwe, en let op hoe rechtbanken de wet in vergelijkbare situaties hebben geïnterpreteerd en toegepast.

Laten we het nu hebben over juridisch schrijven. Juridisch schrijven is een uniek beest, dat precisie, duidelijkheid en overtuigingskracht vereist. Of u nu een briefing, een memorandum of een contract opstelt, het doel is hetzelfde: uw argumenten op een logische, overtuigende manier presenteren die uw publiek overtuigt van de juistheid van uw standpunt.

De sleutel tot effectief juridisch schrijven is organisatie. Je schrijfwerk moet een duidelijke, logische structuur volgen die de lezer stap voor stap door je betoog leidt. Begin met een krachtige inleiding die de toon zet voor uw betoog en een voorproefje geeft van de kwesties die u gaat bespreken. Ga vervolgens verder met de hoofdtekst van uw schrijven, waar u uw argumenten en ondersteunend bewijsmateriaal op een samenhangende, georganiseerde manier presenteert. Sluit ten slotte af met een beknopte samenvatting van uw betoog en een oproep tot actie.

Maar organisatie is nog maar het begin. Juridisch schrijven vereist ook precisie en aandacht voor detail. Elk woord is belangrijk, dus kies uw taal zorgvuldig en houd rekening met juridische terminologie en conventies. Gebruik citaten om uw argumenten te ondersteunen en uw beweringen te onderbouwen, en houd u aan de opmaak en citatiestijl die vereist is door uw rechtsgebied of rechtbank.

Overtuigen is de sleutel tot het schrijven van juridische teksten, en het beheersen van de kunst van het overtuigen vereist een diep begrip van uw publiek en hun motivaties. Plaats uzelf in de schoenen van de rechter, de jury of de tegenpartij, en stem uw schrijven af op hun zorgen en belangen. Anticipeer op tegenargumenten en ga er direct mee aan de slag, waarbij u logica, bewijsmateriaal en retorische strategieën gebruikt om uw standpunt te versterken.

En vergeet het redigeren en proeflezen niet. Juridisch schrijven staat bekend om zijn complexiteit en dichtheid, dus het is essentieel om uw werk zorgvuldig te beoordelen en te herzien om duidelijkheid en nauwkeurigheid te garanderen. Zoek naar grammaticale fouten, typefouten en inconsistenties, en zorg ervoor dat uw schrijven verzorgd en professioneel is voordat u het indient.

Concluderend: juridisch onderzoek en schrijven zijn essentiële vaardigheden voor succes in de advocatuur. Door de kunst van juridisch onderzoek onder de knie te krijgen, kunt u de autoriteiten en argumenten vinden die u nodig heeft om uw zaak te ondersteunen. En door uw juridische schrijfvaardigheid aan te scherpen, kunt u overtuigende, overtuigende argumenten bedenken die in de rechtszaal de overhand krijgen. Dus ga de uitdaging aan, scherp je potloden en maak je klaar om de overtuigingskracht in de juridische arena te ontketenen.

Klantcommunicatie: navigeren door de kunst van een effectieve dialoog

Welkom in de frontlinie van het juridische slagveld: klantcommunicatie. In de advocatuur is effectief communiceren met cliënten niet alleen een vaardigheid, het is een kunstvorm. Pak dus je notitieblok en je luisterende oren, want we duiken in de wereld van klantrelaties, empathie en heldere communicatie.

Laten we beginnen met de basis: het opbouwen van een goede verstandhouding. Het opbouwen van vertrouwen en een goede verstandhouding met uw klanten is de basis van effectieve communicatie. Neem de tijd om uw cliënten als individuen te leren kennen; leer hun namen, hun verhalen en hun zorgen kennen. Toon oprechte interesse in hun zaak en hun welzijn, en laat hen weten dat u bij elke stap aan hun kant staat.

Laten we het nu hebben over actief luisteren. Effectieve communicatie begint met luisteren, en dan bedoel ik echt luisteren. Wanneer uw klanten aan het woord zijn, geef ze dan uw volledige aandacht: leg uw telefoon weg, klap uw laptop dicht en maak oogcontact. Stel open vragen om hen aan te moedigen hun gedachten en gevoelens te delen, en wees niet bang om even te pauzeren en na te denken over wat ze hebben gezegd voordat ze reageren. Vergeet niet dat het niet alleen gaat om het horen van hun woorden, maar om het begrijpen van hun perspectief en hun behoeften.

Laten we het vervolgens hebben over transparantie. Transparantie is de sleutel tot het opbouwen van vertrouwen bij uw klanten. Wees eerlijk en eerlijk over de sterke en zwakke punten van hun zaak, de potentiële risico's en voordelen, en de waarschijnlijke uitkomsten. Vermijd juridisch jargon en complexe terminologie; leg dingen uit in duidelijke taal die uw klanten kunnen begrijpen. En aarzel niet om opheldering te vragen als ze verward of onzeker lijken.

Laten we het nu hebben over het stellen van verwachtingen. Het beheren van de verwachtingen van uw klanten is van cruciaal belang om misverstanden en frustraties op de weg te voorkomen. Wees duidelijk en realistisch over wat u wel en niet voor hen kunt doen, het tijdschema voor hun zaak en de kosten die daarmee gemoeid zijn. Geef regelmatig updates over de voortgang van hun zaak en wees proactief bij het aanpakken van eventuele zorgen of vragen die ze onderweg hebben.

Laten we het hebben over empathie. Empathie is de geheime saus van effectieve cliëntcommunicatie; het is wat goede advocaten van geweldige advocaten onderscheidt. Plaats uzelf in de schoenen van uw cliënten en probeer hun perspectief, hun emoties en hun motivaties te begrijpen. Toon medeleven en empathie voor hun worstelingen en uitdagingen, en stel hen gerust dat u er bent om hen door dik en dun te steunen.

Laten we het vervolgens hebben over grenzen. Hoewel het belangrijk is om empathisch en ondersteunend te zijn, is het ook belangrijk om professionele grenzen met uw cliënten te behouden. Wees duidelijk over uw rol als hun belangenbehartiger en adviseur, en zorg ervoor dat u niet te persoonlijk bij hun zaken betrokken raakt. Stel grenzen aan uw beschikbaarheid en toegankelijkheid, en wees niet bang om deze af te dwingen wanneer dat nodig is.

Laten we het hebben over communicatiekanalen. In het huidige digitale tijdperk zijn er talloze manieren om met klanten te communiceren: telefoongesprekken, e-mails, sms-berichten, videoconferenties, noem maar op. Kies de communicatiekanalen die het beste werken voor u en uw klanten, en wees responsief en toegankelijk op alle platforms. En vergeet persoonlijke ontmoetingen niet: er is geen vervanging voor de persoonlijke band die voortkomt uit een persoonlijke ontmoeting met uw klanten.

Laten we het tenslotte hebben over documentatie. Het documenteren van uw communicatie met klanten is niet alleen een goede gewoonte, het is ook essentieel om uzelf en uw klanten te beschermen in geval van een geschil. Houd gedetailleerde verslagen bij van uw gesprekken, vergaderingen en correspondentie, inclusief datums, tijden en belangrijke punten. Wees grondig en accuraat in uw documentatie en zorg ervoor dat u alle wettelijke of ethische vereisten voor het bijhouden van gegevens naleeft.

Kortom, effectieve cliëntcommunicatie is de hoeksteen van succes in de advocatuur. Door vertrouwen en verstandhouding op te bouwen, actief te luisteren, transparant en empathisch te zijn, duidelijke verwachtingen te stellen, professionele grenzen te handhaven, de juiste communicatiekanalen te kiezen en uw communicatie te documenteren, kunt u sterke, positieve relaties met uw klanten opbouwen die tot succesvolle resultaten leiden. Omarm dus de kunst van een effectieve dialoog en bereid je voor om een betekenisvolle impact te maken in de levens van je cliënten.

Rechtszaaletiquette: navigeren door de rechtszalen met gratie en professionaliteit

Welkom in de heilige zalen van gerechtigheid, waar decorum de boventoon voert en de etiquette in de rechtszaal uw zaak kan maken of breken. In de advocatuur is weten hoe u zich in de rechtszaal moet gedragen essentieel om het respect van rechters, jury's en uw collega-advocaten te verdienen. Dus stof je beste pak af en verbeter je manieren, want we duiken in de wereld van de rechtszaaletiquette.

Laten we beginnen met de basis: dresscode. In de rechtszaal zijn de eerste indrukken van belang, en uw uiterlijk spreekt boekdelen over uw professionaliteit en respect voor het juridische proces. Op de juiste manier gekleed gaan is een teken van respect voor de rechtbank en de procedure, dus het is belangrijk om je aan de dresscode te houden. Voor mannen betekent dit doorgaans een donker pak, overhemd en conservatieve stropdas. Voor vrouwen zijn een maatpak, blouse en gesloten schoenen de norm. Vermijd opvallende accessoires, overmatige sieraden en alles wat te casual of onthullend is. Bedenk dat het beter is om overdressed dan underdressed te zijn in de rechtszaal.

Laten we het nu hebben over stiptheid. In de juridische wereld is tijd van essentieel belang, en te laat komen is een doodzonde. Kom vroeg aan voor rechtszittingen, vergaderingen en afspraken, zodat u tijd heeft voor veiligheidsonderzoeken, check-ins en eventuele last-minute voorbereidingen. Door punctueel te zijn, getuigt u niet alleen van respect voor de rechtbank en uw collega's, maar heeft u ook de tijd om uw gedachten te ordenen en tot rust te komen voordat de procedure begint.

Laten we het nu hebben over het decorum in de rechtszaal. In de rechtszaal is een juist decorum essentieel voor het handhaven van de orde en het waarborgen van een eerlijk en onpartijdig proces. Wanneer u de rechter of jury toespreekt, sta dan op en spreek hen met respect aan: 'Edelachtbare' of 'Dames en heren van de jury'. Onderbreek anderen niet terwijl ze aan het woord zijn en wacht op uw beurt om te spreken. En spreek de tegenstanders en getuigen altijd beleefd en professioneel aan, zelfs als u het absoluut niet met hen eens bent.

Laten we het hebben over het gedrag in de rechtszaal. In het heetst van de strijd is het gemakkelijk om je emoties de overhand te laten krijgen, maar het handhaven van een kalme en beheerste houding is cruciaal voor effectieve belangenbehartiging. Houd het hoofd koel, zelfs als u agressieve vragen stelt of provocerende opmerkingen maakt. Zorg voor een neutrale gezichtsuitdrukking en vermijd dat u met uw ogen rolt, zucht of andere gebaren maakt die als respectloos of minachtend kunnen worden geïnterpreteerd. Bedenk dat de rechtszaal niet de plek is voor theater of grootsheid – behalve dat voor het podium.

Laten we het nu hebben over rechtszaaltechnologie. In het huidige digitale tijdperk speelt technologie een steeds belangrijkere rol in de rechtszaal, van elektronische archiefsystemen tot multimediapresentaties. Maak uzelf vertrouwd met de technologie die in uw rechtszaal wordt gebruikt, of het nu gaat om documentcamera's, software voor videoconferenties of digitale tentoonstellingen. Oefen met het gebruik van de technologie voordat u voor de rechter verschijnt, zodat u verzekerd bent van soepele en naadloze presentaties.

Laten we het hebben over rechtszaalcommunicatie. Effectieve communicatie is de sleutel tot succes in de rechtszaal, of u nu argumenten aandraagt, getuigen ondervraagt of de jury toespreekt. Spreek duidelijk en zelfverzekerd, en gebruik taal die geschikt is voor uw publiek. Vermijd juridisch jargon en complexe terminologie; leg concepten uit in duidelijke taal die de rechter en jury kunnen begrijpen. En wees altijd bereid om uw argumenten te onderbouwen met bewijsmateriaal en juridische autoriteit.

Laten we het nu hebben over de procedure in de rechtszaal. Elke rechtszaal heeft zijn eigen regels en procedures, en het is belangrijk om u hiermee vertrouwd te maken voordat u verschijnt. Controleer de lokale regels van de rechtbank, de doorlopende bevelen van de rechter en alle toepasselijke wetten of jurisprudentie die van toepassing zijn op de procedure. En aarzel niet om vragen te stellen als u niet zeker bent over enig aspect van de procedure. Het is beter om om opheldering te vragen dan om een kostbare fout te maken.

Laten we het nu eens hebben over belangenbehartiging in de rechtszaal. Als advocaat is uw belangrijkste rol in de rechtszaal het ijverig pleiten voor uw cliënt. Maar belangenbehartiging betekent niet agressie. Het betekent dat u uw zaak overtuigend en effectief presenteert, terwijl u zich toch aan de regels van decorum en professionaliteit houdt. Luister aandachtig naar de argumenten van de tegenpartij, reageer bedachtzaam en houd altijd de belangen van uw cliënt voor ogen.

Laten we het hebben over de ethiek in de rechtszaal. Bij het nastreven van gerechtigheid is het essentieel om de hoogste normen op het gebied van ethiek en integriteit te handhaven. Vermijd gedrag dat oneerlijk, bedrieglijk of onethisch is en houd u altijd aan de regels voor professioneel gedrag en de ethische code voor advocaten. Respecteer de rechten van alle partijen die betrokken zijn bij de procedure en breng nooit uw integriteit in gevaar om een zaak te winnen.

Laten we het tot slot hebben over de etiquette in de rechtszaal buiten de rechtszaal. In de advocatuur kan uw gedrag buiten de rechtszaal net zoveel impact hebben op uw reputatie als uw gedrag binnen de rechtszaal. Behandel gerechtspersoneel, collega's en tegenstanders te allen tijde met respect en hoffelijkheid, of u nu in de gang, in de vergaderruimte of in de plaatselijke koffiebar bent. En onthoud altijd dat u een vertegenwoordiger van de advocatuur bent; handel dienovereenkomstig.

Concluderend is de etiquette in de rechtszaal een essentiële vaardigheid voor succes in de advocatuur. Door de principes van professionaliteit, respect en integriteit na te leven, kunt u met gratie en waardigheid door de rechtszalen navigeren. Houd dus stand, spreek duidelijk en gedraag u te allen tijde met de grootst mogelijke professionaliteit. De rechtszaal is uw podium: zorg ervoor dat elk optreden telt.

Onderhandelingstechnieken: de kunst van het overtuigen beheersen

Welkom op het strijdtoneel van de onderhandelingen, waar woorden wapens zijn en strategie koning. In de advocatuur is het beheersen van de kunst van het onderhandelen essentieel om gunstige resultaten voor uw cliënten te bereiken. Dus scherp je verstand en bereid je voor om je tegenstanders te slim af te zijn, want we duiken in de wereld van onderhandelingstechnieken.

Laten we beginnen met de basis: voorbereiding. Succesvolle onderhandelingen ontstaan niet toevallig; ze zijn het resultaat van een zorgvuldige planning en voorbereiding. Voordat u de onderhandelingen aangaat, moet u de tijd nemen om de betreffende kwesties grondig te onderzoeken, de doelstellingen en prioriteiten van uw cliënt te begrijpen en te anticiperen op de argumenten en tactieken van de andere partij. Kennis is macht, en hoe meer u weet, hoe beter u in staat bent om effectief te onderhandelen.

Laten we het nu hebben over het stellen van doelen. Voordat u aan de onderhandelingstafel gaat zitten, is het essentieel dat u een duidelijk beeld heeft van wat u hoopt te bereiken. Stel specifieke, meetbare doelen voor de onderhandelingen, of het nu gaat om het veiligstellen van een gunstige schikking, het verkrijgen van bepaalde concessies of het bereiken van een wederzijds voordelige overeenkomst. Ken uw bedrijfsresultaten – het punt waarop u bereid bent weg te lopen – en wees bereid u daaraan te houden.

Laten we het vervolgens hebben over het opbouwen van een goede verstandhouding. Het opbouwen van een goede verstandhouding met de andere partij is van cruciaal belang voor het opbouwen van vertrouwen en het creëren van een positief onderhandelingsklimaat. Vind een gemeenschappelijke basis, toon empathie en begrip, en wees te allen tijde respectvol en hoffelijk. Bedenk dat onderhandelen geen nulsomspel is; het gaat om het vinden van oplossingen die de belangen van beide partijen bevredigen.

Laten we het hebben over actief luisteren. Effectief onderhandelen gaat niet alleen over praten, maar ook over luisteren. Luister aandachtig naar de zorgen, belangen en prioriteiten van de andere partij en probeer hun perspectief te begrijpen. Stel open vragen om hen aan te moedigen hun gedachten en gevoelens te delen, en laat zien dat u oprecht geïnteresseerd bent in het vinden van een oplossing die voor beide partijen werkt.

Laten we het nu hebben over inlijsten. Framing is een krachtige overtuigingstechniek waarbij vorm wordt gegeven aan de manier waarop de andere partij de problemen waarneemt. Presenteer uw argumenten en voorstellen op een manier die de voordelen ervan benadrukt en de nadelen bagatelliseert. Gebruik positieve taal en overtuigende retoriek om uw standpunt duidelijk te maken, en wees bereid eventuele bezwaren of kritiek te weerleggen met overtuigende argumenten en bewijsmateriaal.

Laten we het over concessies hebben. Bij onderhandelen gaat het om geven en nemen, en concessies zijn een onvermijdelijk onderdeel van het proces. Wees bereid om concessies te doen als dat nodig is, maar doe dat strategisch. Begin met kleine concessies van lage waarde en werk geleidelijk toe naar grotere concessies. En vraag er altijd iets voor terug; onderhandelen is tweerichtingsverkeer en je mag nooit iets voor niets weggeven.

Laten we het vervolgens hebben over onderhandelingstactieken. Er zijn talloze tactieken en strategieën die u kunt gebruiken om voordeel te behalen bij onderhandelingen, van verankeren en spiegelen tot bluffen en tegenhouden. Experimenteer met verschillende tactieken en technieken om te zien wat het beste werkt voor u en uw onderhandelingsstijl, en wees bereid uw aanpak aan te passen op basis van de omstandigheden en het gedrag van de andere partij.

Laten we het hebben over creatieve probleemoplossing. Soms ligt de sleutel tot succesvolle onderhandelingen niet in het vinden van een gemeenschappelijke basis, maar in het buiten de gebaande paden denken en het verkennen van creatieve oplossingen voor de problemen die zich voordoen. Brainstorm over alternatieve opties, overweeg compromissen en compromissen, en sta open voor innovatieve ideeën waar u in eerste instantie misschien niet op was gekomen. Hoe flexibeler en creatiever u bent, hoe groter de kans dat u een oplossing vindt die aan de belangen van beide partijen voldoet.

Laten we tot slot praten over het sluiten van de deal. Het sluiten van de deal is vaak het meest uitdagende onderdeel van het onderhandelingsproces, maar ook het meest cruciale. Zodra u overeenstemming heeft bereikt, vat u de voorwaarden duidelijk samen en zorgt u ervoor dat beide partijen deze begrijpen en ermee akkoord gaan. Leg de overeenkomst indien mogelijk schriftelijk vast en wees bereid om eventuele noodzakelijke documentatie of acties op te volgen om de deal af te ronden. En beëindig de onderhandelingen altijd met een positieve noot, waarbij u dankbaarheid en welwillendheid jegens de andere partij uitdrukt.

Concluderend: onderhandelen is zowel een kunst als een wetenschap, en vereist zorgvuldige planning, strategisch denken en effectieve communicatie. Door onderhandelingstechnieken onder de knie te krijgen, zoals voorbereiding, het stellen van doelen, het opbouwen van een rapport, actief luisteren, kaderen, concessies, tactieken, creatieve probleemoplossing en het sluiten van de deal, kunt u gunstige resultaten voor uw klanten bereiken en uw reputatie als deskundige opbouwen. onderhandelaar in de advocatuur. Bewapen uzelf dus met kennis, scherp uw overtuigingsvaardigheden aan en bereid u voor om de dag te winnen bij uw volgende onderhandeling.

Uw professionele netwerk opbouwen: verbindingen smeden en succes bevorderen

Welkom in de wereld van professioneel netwerken, waar relaties een betaalmiddel zijn en verbindingen deuren kunnen openen naar nieuwe kansen. In de advocatuur is het opbouwen van een sterk professioneel netwerk essentieel voor het bevorderen van uw carrière, het verkrijgen van waardevolle inzichten en het openen van deuren naar nieuwe kansen. Pak dus uw visitekaartjes en uw elevator pitch erbij, want we duiken in de wereld van netwerken.

Laten we beginnen met de basis: het definiëren van uw doelen. Voordat u begint met netwerken, moet u even de tijd nemen om na te denken over wat u hoopt te bereiken. Wilt u uw klantenbestand uitbreiden, een mentor zoeken of nieuwe carrièremogelijkheden verkennen? Als u duidelijke doelen heeft, kunt u uw netwerkinspanningen concentreren en uw tijd en energie optimaal benutten.

Laten we het nu hebben over waar we kunnen netwerken. Er zijn volop netwerkmogelijkheden in de advocatuur, van evenementen van balies en juridische conferenties tot alumnibijeenkomsten en netwerkbijeenkomsten. Zoek naar evenementen en organisaties die aansluiten bij uw interesses en doelen, en zorg ervoor dat u deze regelmatig bijwoont. En vergeet online netwerken niet: sociale-mediaplatforms zoals LinkedIn kunnen krachtige hulpmiddelen zijn om in contact te komen met collega's, klanten en potentiële werkgevers.

Laten we het hebben over het maken van een goede eerste indruk. In de wereld van netwerken zijn eerste indrukken alles. Kleed je professioneel, glimlach en maak oogcontact als je nieuwe mensen ontmoet. Wees benaderbaar en vriendelijk, en stel jezelf voor met een stevige handdruk en een zelfverzekerde houding. En vergeet niet te luisteren: stel vragen, toon oprechte interesse in de ander en let op zijn/haar antwoorden.

Laten we het nu hebben over de elevator pitch. Uw elevator pitch is uw kans om een onvergetelijke indruk te maken en een gesprek met een nieuw iemand op gang te brengen. Houd het kort, krachtig en to the point, niet langer dan 30 seconden. Stel jezelf voor, vermeld wat je doet en benadruk wat jou onderscheidt van de massa. En vergeet niet om uw pitch af te stemmen op uw publiek: wat de ene persoon aanspreekt, resoneert misschien niet met de andere.

Laten we het hebben over netwerketiquette. Bij netwerken draait alles om het opbouwen van relaties, en dat vereist respect, beleefdheid en professionaliteit. Houd rekening met de tijd en ruimte van mensen; monopoliseer het gesprek niet en onderbreek anderen niet terwijl ze aan het woord zijn. En stuur na netwerkevenementen altijd een bedankmail of een LinkedIn-bericht. Het is een eenvoudig gebaar dat een grote bijdrage kan leveren aan het opbouwen van een goede verstandhouding en het levend houden van de verbinding.

Laten we het vervolgens hebben over het toevoegen van waarde. Effectief netwerken gaat niet alleen over wat u kunt krijgen, maar ook over wat u kunt geven. Zoek naar manieren om waarde toe te voegen aan uw netwerk, of het nu gaat om het delen van uw expertise, het maken van introducties of het bieden van hulp en ondersteuning. Wees genereus met uw tijd en middelen, en u zult merken dat uw netwerk meer dan bereid zal zijn om iets terug te doen.

Laten we het hebben over verbonden blijven. Het opbouwen van een professioneel netwerk is een continu proces en het is belangrijk om in de loop van de tijd verbonden te blijven met uw contacten. Houd contact met uw netwerk via regelmatige e-mails, telefoontjes of koffievergaderingen. Deel updates over uw carrière, feliciteer hen met hun successen en bied ondersteuning wanneer dat nodig is. En vergeet niet de relaties te koesteren die er het meest toe doen; dat zijn de relaties die op de lange termijn vruchten zullen afwerpen.

Laten we het nu hebben over het benutten van uw netwerk. Uw professionele netwerk kan gedurende uw hele carrière een waardevolle bron van advies, ondersteuning en kansen zijn. Wees niet bang om contact op te nemen met uw contacten als u hulp of advies nodig heeft, of het nu gaat om het zoeken naar een baan, een carrièretransitie of een uitdagende zaak. En wees proactief in het aanbieden van uw steun en hulp aan anderen in uw netwerk: het is een trefzekere manier om uw relaties te versterken en goodwill op te bouwen.

Laten we het tenslotte hebben over teruggeven. Naarmate u vordert in uw carrière en uw professionele netwerk opbouwt, vergeet dan niet om vooruit te betalen. Begeleid junior collega's, stel uw tijd en expertise beschikbaar voor goede doelen en ondersteun initiatieven die diversiteit en inclusiviteit in de advocatuur bevorderen. Door iets terug te geven aan uw beroep en uw gemeenschap, maakt u niet alleen een positieve impact op de wereld om u heen, maar versterkt u ook uw netwerk en verbetert u uw reputatie als leider in de advocatuur.

Concluderend: het opbouwen van een sterk professioneel netwerk is essentieel voor succes in de advocatuur. Door uw doelen te definiëren, netwerkmogelijkheden te zoeken, een goede eerste indruk te maken, uw elevator pitch te perfectioneren, netwerketiquette te oefenen, waarde toe te voegen, verbonden te blijven, uw netwerk te benutten en iets terug te geven, kunt u zinvolle verbindingen smeden, uw carrière vooruit helpen en succes in de advocatuur bevorderen. Dus ga erop uit, schud een paar handen en begin met het opbouwen van uw netwerk: het is de sleutel tot het ontsluiten van eindeloze mogelijkheden in de juridische wereld.

Een mentor vinden: navigeren op het pad naar professionele begeleiding

Tijdens het traject van een juridische carrière kan het hebben van een mentor het baken zijn dat u door de wendingen van het beroep leidt. Een mentor biedt wijsheid, advies en ondersteuning van onschatbare waarde, zodat u door de complexiteit van de juridische wereld kunt navigeren en een koers naar succes kunt uitstippelen. Maar het vinden van de juiste mentor is niet altijd gemakkelijk; het vereist geduld, doorzettingsvermogen en een proactieve aanpak. Laten we dus eens kijken naar de kunst van het vinden van een mentor en de stappen die u kunt nemen om een betekenisvolle mentorschapsrelatie op te bouwen.

Zorg eerst en vooral dat je begrijpt wat je zoekt in een mentor. Denk na over uw carrièredoelen, ambities en gebieden waar u baat zou kunnen hebben bij begeleiding en ondersteuning. Bent u op zoek naar iemand met expertise op een specifiek rechtsgebied? Of misschien bent u op zoek naar iemand die u kan helpen bij het navigeren door de uitdagingen op het gebied van de balans tussen werk en privéleven of loopbaanontwikkeling. Door uw doelstellingen te verduidelijken, kunt u uw zoektocht naar een mentor die aansluit bij uw behoeften en ambities beter richten.

Zodra u duidelijk heeft wat u zoekt, kunt u beginnen met zoeken binnen uw bestaande netwerk. Je mentor kan een voormalig hoogleraar, collega, supervisor of zelfs een familievriend zijn. Neem contact op met uw contacten en laat hen weten dat u op zoek bent naar mentorschap. Wees specifiek over wat je zoekt en waarom je denkt dat ze goed bij je passen als mentor. Het zal je misschien verbazen hoe ontvankelijk mensen zijn voor het idee van mentorschap en hoe graag ze hun wijsheid en ervaring willen delen.

Als je binnen je bestaande netwerk geen mentor kunt vinden, wanhoop dan niet. Zoek naar mogelijkheden voor mentorschap binnen professionele organisaties, balies of affiniteitsgroepen. Deze groepen bieden vaak mentorprogramma's of netwerkevenementen aan waar u in contact kunt komen met ervaren advocaten die bereid zijn om als mentor te dienen. Bezoek deze evenementen regelmatig, neem actief deel en doe moeite om relaties op te bouwen met potentiële mentoren.

Een andere manier om een mentor te vinden is via alumninetwerken of alumniverenigingen van rechtenfaculteiten. Neem contact op met alumni die werkzaam zijn in vakgebieden of praktijkgebieden die u interesseren en vraag of zij u willen begeleiden. Alumni willen vaak graag iets teruggeven aan hun alma mater en de volgende generatie advocaten helpen slagen. Profiteer van deze hulpbron en maak gebruik van uw connecties binnen de alumnigemeenschap om een mentor te vinden die u kan helpen op uw carrièrepad.

Vergeet de kracht van sociale media niet bij het vinden van een mentor. Platformen zoals LinkedIn bieden een schat aan netwerkmogelijkheden, waardoor u in contact kunt komen met advocaten van over de hele wereld. Gebruik LinkedIn om te zoeken naar advocaten die werkzaam zijn in het door u gewenste praktijkgebied of die ervaring hebben op de gebieden waar u begeleiding zoekt. Stuur ze een persoonlijk bericht waarin je jezelf voorstelt en uitlegt waarom je geïnteresseerd bent om met hen in contact te komen. Wees respectvol voor hun tijd en maak duidelijk dat u op zoek bent naar mentorschap, en niet alleen naar een baan of een gunst.

Zodra u potentiële mentoren heeft geïdentificeerd, neemt u het initiatief om contact op te nemen en een gesprek te beginnen. Wees proactief en volhardend. Wees niet ontmoedigd als u niet meteen antwoord krijgt. Reageer beleefd en respectvol en toon uw oprechte interesse in het opbouwen van een mentorschapsrelatie. Bied aan om elkaar te ontmoeten voor een kopje koffie of een lunch om uw doelen en interesses verder te bespreken. Houd er rekening mee dat het opbouwen van een mentorschapsrelatie tijd en moeite kost, dus wees geduldig en volhardend in uw streven.

Wanneer u een potentiële mentor ontmoet, wees dan bereid om te luisteren en te leren. Stel doordachte vragen, vraag hun advies en perspectief, en sta open voor constructieve feedback. Toon dankbaarheid voor hun tijd en wijsheid, en druk uw oprechte waardering uit voor hun bereidheid om u te begeleiden. Het opbouwen van een sterke mentorschapsrelatie is tweerichtingsverkeer, dus wees bereid tijd en moeite te investeren in het onderhouden van de relatie en het tonen van uw toewijding aan de begeleiding en ondersteuning van uw mentor.

Als u uw reis in de advocatuur voortzet, vergeet dan niet om deze vooruit te betalen. Als je eenmaal een mentor hebt gevonden die een positieve invloed heeft gehad op je carrière, overweeg dan om als mentor op te treden voor anderen die net beginnen. Deel uw kennis, ervaring en inzichten met de volgende generatie advocaten en help hen bij het navigeren door de uitdagingen en kansen van de advocatuur. Door iets terug te geven en anderen op hun reis te ondersteunen, eert u niet alleen de erfenis van uw eigen mentor, maar draagt u ook bij aan de groei en het succes van de juridische gemeenschap als geheel.

Kortom, het vinden van een mentor is een cruciale stap in de reis van een juridische carrière. Door uw doelen te verduidelijken, gebruik te maken van uw bestaande netwerk, op zoek te gaan naar mogelijkheden voor mentorschap en proactief en volhardend te zijn in uw streven, kunt u een mentor vinden die u van onschatbare waarde kan begeleiden en ondersteunen terwijl u door de complexiteit van de advocatuur navigeert. Wees dus niet bang om contact op te nemen, verbindingen te leggen en betekenisvolle mentorschapsrelaties op te bouwen; dit kan de sleutel zijn om uw volledige potentieel als advocaat te ontsluiten.

Voortgezette juridische educatie (CLE): levenslang leren in de advocatuur

Welkom in de wereld van Continuing Legal Education (CLE), waar het streven naar kennis nooit eindigt en de zoektocht naar uitmuntendheid voortduurt. In de advocatuur is het essentieel om op de hoogte te blijven van de nieuwste ontwikkelingen op het gebied van recht en praktijk om uw competentie te behouden, cliënten effectief te bedienen en uw carrière vooruit te helpen. Laten we dus eens kijken naar het belang van CLE en hoe u deze waardevolle hulpbron optimaal kunt benutten.

Laten we eerst en vooral praten over waarom CLE ertoe doet. Het juridische landschap evolueert voortdurend, waarbij elke dag nieuwe wetten, voorschriften en precedenten ontstaan. Op de hoogte blijven van deze veranderingen is van cruciaal belang voor een competente en effectieve vertegenwoordiging van uw cliënten. CLE biedt de mogelijkheid om uw kennis van inhoudelijke rechtsgebieden te verdiepen, meer te leren over opkomende trends en problemen, en uw vaardigheden als jurist aan te scherpen. Of u nu een doorgewinterde advocaat bent of een pas toegelaten advocaat, CLE is essentieel om concurrerend en relevant te blijven in de huidige juridische markt.

Laten we het nu hebben over de verschillende soorten CLE. CLE-programma's zijn er in verschillende formaten, waaronder live seminars, webinars, online cursussen, conferenties, workshops en zelfstudiemateriaal. Elk format biedt zijn eigen voordelen en flexibiliteit, waardoor u uw CLE-ervaring kunt afstemmen op uw planning en leervoorkeuren. Of u nu liever persoonlijke evenementen bijwoont, deelneemt aan virtuele programma's of in uw eigen tempo leert, er is een CLE-format dat bij u past.

Laten we het nu hebben over de onderwerpen die in CLE aan bod komen. CLE-programma's bestrijken een breed scala aan onderwerpen, van inhoudelijke rechtsgebieden zoals contracten, onrechtmatige daad en strafrechtelijke procedure tot praktijkmanagement, ethiek en professionaliteit. Of u nu uw expertise op uw primaire praktijkgebied wilt verdiepen of uw kennis wilt uitbreiden naar nieuwe rechtsgebieden, er is een CLE-programma dat u kan helpen uw doelen te bereiken. Veel rechtsgebieden vereisen ook dat advocaten een bepaald aantal studiepunten behalen in specifieke vakgebieden, dus zorg ervoor dat u de CLE-vereisten van uw staat controleert om naleving te garanderen.

Laten we het hebben over het vinden van CLE-programma's. Er zijn talloze aanbieders van CLE-programma's, waaronder balies, rechtsscholen, professionele organisaties en particuliere bedrijven. Veel van deze providers bieden een breed scala aan programma's over verschillende onderwerpen en formats, waardoor het gemakkelijk is om CLE-mogelijkheden te vinden die aan uw behoeften en interesses voldoen. Bovendien bieden online platforms zoals West LegalEdcenter, Lawline en Practicing Law Institute (PLI) uitgebreide bibliotheken met CLE-cursussen waar u altijd en overal toegang toe heeft.

Laten we het nu hebben over het maximaliseren van de waarde van CLE. Het bijwonen van CLE-programma's is slechts de eerste stap; het maximaliseren van de waarde van CLE vereist actieve betrokkenheid en toepassing van wat u hebt geleerd. Maak aantekeningen tijdens CLE-sessies, neem deel aan discussies en stel vragen om eventuele verwarringspunten op te helderen. Neem na het programma de tijd om na te denken over wat je hebt geleerd en hoe je het in je praktijk kunt toepassen. Overweeg om de belangrijkste inzichten te bespreken met collega's of mentoren, en verken de mogelijkheden om nieuwe kennis en vaardigheden in uw werk op te nemen.

Laten we het hebben over het bijhouden van CLE-credits. De meeste rechtsgebieden vereisen dat advocaten hun CLE-kredieten bijhouden en deze periodiek rapporteren aan de staatsbar of vergunningverlenende autoriteit. Houd gedetailleerde gegevens bij van de CLE-programma's die u bijwoont, inclusief de datum, titel, aanbieder en het aantal verdiende credits. Zorg ervoor dat u verifieert dat de programma's die u bijwoont, zijn geaccrediteerd door uw staatsbar of vergunningverlenende autoriteit om naleving van de CLE-vereisten te garanderen. Veel staten bieden ook online portals of systemen aan waarmee advocaten hun CLE-kredieten gemakkelijk kunnen rapporteren.

Laten we het tot slot hebben over de voordelen van CLE die verder gaan dan het voldoen aan verplichte vereisten. CLE gaat niet alleen over het verdienen van studiepunten; het gaat over het investeren in uw professionele ontwikkeling en groei als advocaat. Door deel te nemen aan CLE-programma's kunt u uw kennis uitbreiden, uw vaardigheden verbeteren, op de hoogte blijven van de ontwikkelingen in uw praktijkgebied en in contact komen met collega's en experts in het veld. CLE biedt ook mogelijkheden voor netwerken, mentorschap en samenwerking, waardoor u relaties kunt opbouwen en uw carrière in de advocatuur vooruit kunt helpen.

Concluderend: Continuing Legal Education (CLE) is een hoeksteen van professionele ontwikkeling en levenslang leren in de advocatuur. Door op de hoogte te blijven van ontwikkelingen in het recht en de praktijk, uw expertise te verdiepen en uw professionele netwerk uit te breiden, kunt u uw effectiviteit als advocaat vergroten en uzelf positioneren voor succes in het huidige dynamische juridische landschap. Omarm dus de kansen die CLE biedt en maak optimaal gebruik van deze onschatbare hulpbron om uw carrière vooruit te helpen en uw doelen als juridische professional te bereiken.

Specialisatie en certificering: vergroot uw expertise in de juridische arena

Welkom in de wereld van specialisatie en certificering in de advocatuur, waar expertise wordt gewaardeerd en referenties deuren kunnen openen naar nieuwe kansen. In een juridisch landschap dat steeds competitiever wordt, kan specialisatie in een bepaald praktijkgebied en het behalen van certificeringen u onderscheiden van de massa, uw geloofwaardigheid vergroten en uw carrière vooruit helpen. Laten we dus eens kijken naar het belang van specialisatie en certificering en hoe u deze kunt gebruiken om uw expertise op juridisch gebied te vergroten.

Laten we het eerst en vooral hebben over specialisatie. Specialisatie houdt in dat u uw praktijk concentreert op een specifiek rechtsgebied, zoals familierecht, intellectueel eigendom of strafrecht. Door uw inspanningen op een bepaald praktijkgebied te concentreren, kunt u diepgaande expertise ontwikkelen, uw vaardigheden aanscherpen en bekend worden als een go-to-expert in uw vakgebied. Door specialisatie kunt u zich onderscheiden van huisartsen en uzelf positioneren als een vertrouwde adviseur en pleitbezorger voor cliënten met gespecialiseerde behoeften.

Laten we het nu hebben over de voordelen van specialisatie. Het specialiseren in een specifiek praktijkgebied biedt tal van voordelen, zowel voor u als voor uw cliënten. Om te beginnen stelt specialisatie u in staat een diepgaand inzicht te ontwikkelen in de nuances, complexiteiten en ingewikkeldheden van het door u gekozen vakgebied, waardoor u uw cliënten effectiever en doelgerichter kunt vertegenwoordigen. Door specialisatie kunt u ook een reputatie opbouwen als autoriteit op uw vakgebied, waardoor u cliënten kunt aantrekken die op zoek zijn naar expertise en ervaring op dat rechtsgebied. Bovendien kan specialisatie leiden tot meer voldoening en voldoening in het werk, omdat u zich concentreert op werk dat aansluit bij uw interesses, passies en sterke punten.

Laten we het nu hebben over certificering. Certificering is een formele erkenning van expertise en competentie op een bepaald praktijkgebied, uitgereikt door een erkende accreditatie-instantie of professionele organisatie. Het verkrijgen van een certificering toont uw toewijding aan uitmuntendheid, uw toewijding aan professionele ontwikkeling en uw bereidheid om te voldoen aan strenge normen van kennis en vaardigheden op het door u gekozen vakgebied en deze te handhaven. Hoewel certificering niet altijd vereist is om op een specifiek rechtsgebied te oefenen, kan het uw geloofwaardigheid, geloofwaardigheid en verkoopbaarheid als juridische professional vergroten.

Laten we het nu hebben over het verkrijgen van specialisatie en certificering. Het proces voor het verkrijgen van specialisatie en certificering varieert afhankelijk van het rechtsgebied en de accreditatie-instantie of -organisatie. In sommige gevallen moet u mogelijk aan bepaalde onderwijsvereisten voldoen, een minimumniveau van ervaring in het veld aantonen en slagen voor een uitgebreid examen of assessment. Mogelijk moet u ook deelnemen aan doorlopende activiteiten voor permanente educatie of professionele ontwikkeling om uw certificering te behouden.

Laten we het hebben over het kiezen van de juiste specialisatie en certificering. Wanneer u een specialisatie selecteert en certificering nastreeft, is het belangrijk om rekening te houden met uw interesses, sterke punten en carrièredoelen. Kies een praktijkgebied dat aansluit bij uw passies en talenten, en waar u kansen ziet voor groei en vooruitgang. Onderzoek verschillende certificeringsprogramma's en accreditatie-instanties om er een te vinden die gerenommeerd, gerespecteerd en erkend is binnen de advocatuur. En wees niet bang om begeleiding te zoeken bij mentoren, collega's en experts in het veld die inzichten en advies kunnen bieden op basis van hun eigen ervaringen.

Laten we het vervolgens hebben over de waarde van specialisatie en certificering in de advocatuur. Specialisatie en certificering kunnen deuren openen naar nieuwe kansen en loopbaanontwikkeling. Ze kunnen uw geloofwaardigheid en reputatie als expert in uw vakgebied vergroten en klanten, verwijzingen en professionele kansen aantrekken. Ze kunnen ook uw verdienpotentieel en werktevredenheid vergroten, omdat u bekend wordt vanwege uw gespecialiseerde expertise en uw vermogen om resultaten voor uw klanten te leveren. Bovendien kunnen specialisatie en certificering een gevoel van trots en prestatie geven, omdat u erkenning krijgt voor uw toewijding en beheersing van een specifiek rechtsgebied.

Laten we het tenslotte hebben over permanente educatie en professionele ontwikkeling. Specialisatie en certificering zijn niet het einde van het traject, maar slechts het begin. Om uw expertise op peil te houden en op de hoogte te blijven van de ontwikkelingen in uw vakgebied, is het essentieel om deel te nemen aan voortdurende permanente educatie en professionele ontwikkelingsactiviteiten. Woon conferenties, seminars en workshops bij in uw praktijkgebied, lees vaktijdschriften en publicaties en neem deel aan online cursussen en webinars. Blijf in contact met collega's en experts in uw vakgebied en sta open voor nieuwe ideeën, perspectieven en mogelijkheden voor groei en leren.

Kortom, specialisatie en certificering zijn krachtige hulpmiddelen om uw expertise en geloofwaardigheid in de advocatuur te vergroten. Door uw praktijk te concentreren op een specifiek rechtsgebied en certificering te behalen, kunt u zich onderscheiden van de concurrentie, klanten aantrekken en meer succes en voldoening in uw carrière bereiken. Omarm dus de kansen die specialisatie en certificering bieden, en benut deze optimaal om uw expertise te vergroten en uit te blinken op juridisch gebied.

Juridische ethiek begrijpen: navigeren door het morele kompas van de advocatuur

Welkom in het domein van de juridische ethiek, waar het morele kompas van de advocatuur het gedrag van advocaten stuurt en de principes van rechtvaardigheid, integriteit en professionaliteit handhaaft. In de advocatuur zijn ethische overwegingen van het allergrootste belang, die vorm geven aan elk aspect van de praktijk van een advocaat en de interacties met cliënten, collega's en de rechtbank. Laten we ons dus verdiepen in de principes van juridische ethiek, de regels die het gedrag van advocaten bepalen en het belang van het handhaven van ethische normen in de rechtspraktijk.

Laten we het eerst en vooral hebben over het fundament van de juridische ethiek: de plicht om de rechtsstaat hoog te houden en gerechtigheid eerlijk en onpartijdig toe te passen. Als functionarissen van de rechtbank spelen advocaten een cruciale rol in de rechtsbedeling, waarbij zij binnen de grenzen van de wet opkomen voor de belangen van hun cliënten en ervoor zorgen dat de beginselen van eerlijkheid, billijkheid en een eerlijk proces worden nageleefd. Het handhaven van de rechtsstaat vereist dat advocaten integer, eerlijk en met respect voor het rechtssysteem en de rechten van alle betrokken partijen handelen.

Laten we het nu hebben over het belang van vertrouwelijkheid en het privilege tussen advocaat en cliënt. Vertrouwelijkheid is een hoeksteen van de advocaat-cliëntrelatie, die de privacy en het vertrouwen van cliënten beschermt en open en openhartige communicatie tussen advocaten en hun cliënten mogelijk maakt. Advocaten zijn gebonden aan strikte ethische regels om de vertrouwelijkheid van cliëntinformatie te waarborgen, zowel tijdens als na de advocaat-cliëntrelatie. Deze geheimhoudingsplicht strekt zich uit tot alle communicatie en informatie die tijdens de vertegenwoordiging wordt gedeeld, ongeacht of dit bevoorrecht is of niet.

Laten we het vervolgens hebben over belangenconflicten. Belangenconflicten zijn situaties waarin de persoonlijke of professionele belangen van een advocaat in strijd zijn met zijn plicht om in het beste belang van zijn cliënt te handelen. Het vermijden van belangenconflicten is essentieel voor het behoud van de integriteit en betrouwbaarheid van de advocatuur. Advocaten zijn verplicht potentiële belangenconflicten te identificeren en bekend te maken aan hun cliënten, en zich te onthouden van het vertegenwoordigen van cliënten wanneer er sprake is van een conflict of redelijkerwijs kan worden aangenomen dat dit bestaat. Het niet aanpakken van belangenconflicten kan ernstige gevolgen hebben, waaronder disciplinaire maatregelen en professionele sancties.

Laten we het nu hebben over competentie en toewijding. Advocaten hebben de plicht om hun cliënten competent en zorgvuldig te vertegenwoordigen, waarbij zij de kennis, vaardigheden en toewijding toepassen die nodig zijn om hun cliënten effectief te vertegenwoordigen. Deze plicht vereist dat advocaten op de hoogte blijven van de ontwikkelingen in de wet, over de nodige vaardigheden en expertise beschikken om de zaken van hun cliënten competent te behandelen, en voldoende tijd en aandacht besteden aan de zaak van elke cliënt. Het niet voldoen aan de normen van bekwaamheid en zorgvuldigheid kan leiden tot claims wegens wanpraktijken, disciplinaire maatregelen en schade voor cliënten.

Laten we het hebben over eerlijkheid en openhartigheid. Advocaten moeten eerlijk en openhartig zijn in hun omgang met cliënten, tegenpartijen, de rechtbank en derden. Deze plicht tot eerlijkheid en openhartigheid strekt zich uit tot alle communicatie en verklaringen die tijdens de vertegenwoordiging worden gedaan, inclusief pleidooien, moties en mondelinge argumenten. Het is advocaten verboden valse verklaringen af te leggen of feiten verkeerd voor te stellen, en zij hebben de plicht om eventuele valse of misleidende verklaringen waarvan zij kennis krijgen te corrigeren. Het hooghouden van de beginselen van eerlijkheid en openhartigheid is essentieel voor het behoud van de integriteit en geloofwaardigheid van de advocatuur.

Laten we het vervolgens hebben over de plicht van ijverige belangenbehartiging. Hoewel advocaten de plicht hebben om de belangen van hun cliënten krachtig en ijverig te vertegenwoordigen, moet deze plicht in evenwicht worden gebracht met de plicht om de rechtsstaat te handhaven en de beroepsethiek te handhaven. IJverig pleiten betekent niet dat je ten koste van alles de overwinning nastreeft; het betekent dat je de belangen van je cliënten behartigt binnen de grenzen van de wet en de regels van professioneel gedrag. Advocaten moeten zich onthouden van gedrag dat oneerlijk, bedrieglijk of schadelijk is voor de rechtsbedeling, zelfs bij het nastreven van ijverige belangenbehartiging.

Laten we het nu hebben over de rol van juridische ethiek in het bredere rechtssysteem. Juridische ethiek dient als basis voor de integriteit, geloofwaardigheid en professionaliteit van de advocatuur. Het handhaven van ethische normen is essentieel voor het behoud van het vertrouwen van het publiek in het rechtssysteem en voor het waarborgen van een eerlijke en rechtvaardige rechtsbedeling. Advocaten die ethische principes naleven dragen bij aan de integriteit en effectiviteit van het rechtssysteem, terwijl advocaten die ethische regels overtreden het vertrouwen van het publiek in de advocatuur als geheel ondermijnen.

Laten we het tot slot hebben over het belang van permanente educatie en training op het gebied van juridische ethiek. Het juridische landschap evolueert voortdurend, waarbij elke dag nieuwe uitdagingen, problemen en ethische dilemma's ontstaan. Advocaten moeten op de hoogte blijven van de ontwikkelingen op het gebied van de juridische ethiek, hun ethische verplichtingen begrijpen en weten hoe ze effectief met ethische dilemma's kunnen omgaan. Voortdurende educatie en training op het gebied van juridische ethiek zijn essentieel om ervoor te zorgen dat advocaten over de kennis, vaardigheden en het bewustzijn beschikken om ethische normen hoog te houden en om te gaan met ethische uitdagingen in hun praktijk.

Concluderend kan worden gesteld dat juridische ethiek de hoeksteen van de advocatuur vormt, het gedrag van advocaten stuurt en de integriteit, geloofwaardigheid en effectiviteit van het rechtssysteem waarborgt. Het hooghouden van ethische principes is essentieel voor het behoud van het vertrouwen van het publiek in de advocatuur en de rechtsbedeling. Door zich aan ethische normen te houden, kunnen advocaten hun plicht vervullen om de rechtsstaat te handhaven, op te komen voor de belangen van hun cliënten en bij te dragen aan de eerlijke en rechtvaardige oplossing van geschillen in de samenleving.

Vertrouwelijkheid en privilege: bescherming van vertrouwen en privacy op juridisch gebied

Welkom in het domein van vertrouwelijkheid en privilege in de advocatuur, waar vertrouwen en privacy heilige principes zijn die ten grondslag liggen aan de relatie tussen advocaat en cliënt. Vertrouwelijkheid en privilege zijn fundamentele concepten die de integriteit van de communicatie tussen advocaten en hun cliënten beschermen, een open en openhartige dialoog bevorderen en de effectieve vertegenwoordiging van de belangen van cliënten garanderen. Laten we ons dus verdiepen in de nuances van vertrouwelijkheid en privilege, hun belang op juridisch gebied, en de ethische verplichtingen die ze met zich meebrengen.

Laten we het eerst en vooral hebben over vertrouwelijkheid. Vertrouwelijkheid is een fundamenteel beginsel van de advocaat-cliëntrelatie, waarbij de privacy en het vertrouwen van cliënten worden gewaarborgd en open en eerlijke communicatie tussen advocaten en hun cliënten wordt bevorderd. Op grond van de geheimhoudingsplicht zijn advocaten verplicht om alle informatie met betrekking tot de vertegenwoordiging van hun cliënten vertrouwelijk te houden, zowel tijdens als na de advocaat-cliëntrelatie. Deze plicht strekt zich uit tot alle communicatie, documenten en informatie die tijdens de vertegenwoordiging wordt gedeeld, ongeacht of dit bevoorrecht is of niet.

Laten we het nu hebben over het advocaat-cliënt privilege. Het advocaat-cliënt privilege is een juridische doctrine die bepaalde communicatie tussen advocaten en hun cliënten beschermt tegen openbaarmaking in gerechtelijke procedures en andere contexten. Het voorrecht is van toepassing op vertrouwelijke communicatie tussen een cliënt en zijn advocaat met als doel juridisch advies of vertegenwoordiging te verkrijgen. Om voor dit voorrecht in aanmerking te komen, moet de communicatie in vertrouwen plaatsvinden en niet worden bekendgemaakt aan derden buiten de advocaat-cliëntrelatie. Het doel van het privilege is om cliënten aan te moedigen open en eerlijk te zijn tegenover hun advocaten en om de effectieve behartiging van de belangen van cliënten te vergemakkelijken.

Laten we het vervolgens hebben over de reikwijdte van vertrouwelijkheid en privilege. Vertrouwelijkheid en privilege zijn in grote lijnen van toepassing op alle communicatie en informatie die tussen advocaten en hun cliënten wordt gedeeld tijdens de vertegenwoordiging. Dit omvat discussies over de juridische strategie, de zaakstrategie, onderhandelingen over een schikking en andere gevoelige zaken. De geheimhoudingsplicht en het advocaat-cliënt privilege strekken zich ook uit tot communicatie met derden, zoals deskundigen, adviseurs en andere advocaten die aan de zaak werken, zolang deze communicatie plaatsvindt met het doel juridisch advies of juridische vertegenwoordiging te verkrijgen.

Laten we het nu hebben over uitzonderingen op vertrouwelijkheid en privilege. Hoewel vertrouwelijkheid en privilege robuuste bescherming bieden, zijn er bepaalde uitzonderingen die de openbaarmaking van anderszins vertrouwelijke of bevoorrechte informatie mogelijk maken. Advocaten kunnen bijvoorbeeld onder bepaalde omstandigheden toestemming of verplichting hebben om vertrouwelijke informatie openbaar te maken, bijvoorbeeld om dreigende schade te voorkomen of om te voldoen aan een gerechtelijk bevel of wettelijke verplichting. Advocaten moeten zich ook bewust zijn van de potentiële risico's van onbedoelde openbaarmaking, zoals afstand doen van het advocaat-cliënt privilege door bevoorrechte informatie aan derden bekend te maken.

Laten we het hebben over de ethische verplichtingen met betrekking tot vertrouwelijkheid en privilege. Advocaten zijn gebonden aan strikte ethische regels om de vertrouwelijkheid van cliëntinformatie te handhaven en het advocaat-cliënt privilege te beschermen. Deze plicht strekt zich uit tot alle leden van een advocatenkantoor, maar ook tot het ondersteunen van personeel en medewerkers die mogelijk toegang hebben tot vertrouwelijke informatie. Advocaten moeten redelijke stappen ondernemen om de vertrouwelijkheid van cliënten te beschermen en ervoor te zorgen dat bevoorrechte communicatie niet op ongepaste wijze openbaar wordt gemaakt of dat er afstand van wordt gedaan.

Laten we het vervolgens hebben over het belang van vertrouwelijkheid en privilege in het rechtssysteem. Vertrouwelijkheid en privilege zijn essentieel voor het bevorderen van vertrouwen in de advocaat-cliëntrelatie en voor het bevorderen van open en eerlijke communicatie tussen advocaten en hun cliënten. Zonder de garantie van vertrouwelijkheid en privileges kunnen cliënten terughoudend zijn om gevoelige informatie met hun advocaten te delen, waardoor het vermogen van de advocaat om effectieve vertegenwoordiging te bieden wordt belemmerd. Vertrouwelijkheid en privilege dienen ook bredere maatschappelijke belangen door de vrije stroom van informatie aan te moedigen en de eerlijke en rechtvaardige oplossing van geschillen in het rechtssysteem te vergemakkelijken.

Concluderend: vertrouwelijkheid en privilege zijn fundamentele principes van de advocatuur, waarbij het vertrouwen, de privacy en de integriteit van de advocaat-cliëntrelatie worden gewaarborgd. Door deze principes hoog te houden kunnen advocaten een open en eerlijke communicatie met hun cliënten bevorderen, een effectieve vertegenwoordiging bevorderen en bijdragen aan een eerlijke en rechtvaardige rechtsbedeling. Het handhaven van vertrouwelijkheid en privileges is niet alleen een ethische verplichting; het is een hoeksteen van de advocatuur en een fundamenteel aspect van het waarborgen van de integriteit en geloofwaardigheid van het rechtssysteem.

Belangenconflicten: navigeren door ethische grenzen in juridische vertegenwoordiging

Welkom op het complexe terrein van belangenconflicten in de advocatuur, waar ethische dilemma's in overvloed aanwezig zijn en de plicht om prioriteit te geven aan de belangen van cliënten van het allergrootste belang is. Belangenconflicten ontstaan wanneer de persoonlijke, financiële of professionele belangen van een advocaat in strijd zijn met zijn plicht om in het beste belang van zijn cliënt te handelen. Het navigeren door deze ethische grenzen vereist waakzaamheid, integriteit en een toewijding aan het handhaven van de hoogste normen van professionaliteit. Laten we dus eens kijken naar de complexiteit van belangenconflicten, hun implicaties voor juridische vertegenwoordiging en de ethische verplichtingen die ze met zich meebrengen.

Laten we eerst en vooral praten over wat een belangenconflict inhoudt. Er is sprake van een belangenconflict wanneer de loyaliteit van een advocaat jegens een cliënt in het gedrang komt door concurrerende verplichtingen of belangen, of wanneer de eigen belangen van de advocaat in strijd zijn met die van de cliënt. Belangenconflicten kunnen zich in verschillende contexten voordoen, waaronder situaties waarin de advocaat een persoonlijke of financiële relatie heeft met een partij die nadelig is voor de cliënt, waarin de vertegenwoordiging van de advocaat van de ene cliënt rechtstreeks in strijd is met de belangen van een andere cliënt, of waarin de belangen van de advocaat zelf belangen kunnen wezenlijk worden beïnvloed door de uitkomst van de vertegenwoordiging.

Laten we het nu hebben over de ethische verplichtingen met betrekking tot belangenconflicten. Advocaten zijn gebonden aan strikte ethische regels om belangenconflicten snel en effectief te identificeren en aan te pakken. De plicht om belangenconflicten te vermijden is vastgelegd in professionele gedragscodes en wettelijke ethische regels, die van advocaten eisen dat zij een onafhankelijk professioneel oordeel vellen en de belangen van hun cliënten boven alle andere overwegingen stellen. Advocaten moeten ook potentiële belangenconflicten aan de betrokken cliënten bekendmaken en geïnformeerde toestemming verkrijgen voordat zij tot vertegenwoordiging overgaan als het conflict niet adequaat kan worden aangepakt.

Laten we het vervolgens hebben over de implicaties van belangenconflicten voor juridische vertegenwoordiging. Belangenverstrengeling kan ernstige gevolgen hebben voor de advocaat-cliëntrelatie, de integriteit van het rechtssysteem en de belangen van de betrokken partijen. Het niet onderkennen en aanpakken van belangenconflicten kan leiden tot schade voor cliënten, schade aan de rechtsbedeling en juridische en ethische schendingen die kunnen leiden tot disciplinaire maatregelen, claims wegens wanpraktijken of andere professionele sancties. Advocaten moeten ijverig en proactief zijn bij het identificeren en aanpakken van belangenconflicten om de belangen van hun cliënten te beschermen en de integriteit van de advocatuur hoog te houden.

Laten we het nu hebben over de manier waarop advocaten belangenconflicten kunnen identificeren en aanpakken. De plicht om belangenconflicten te vermijden vereist dat advocaten de nodige zorgvuldigheid en waakzaamheid betrachten bij het evalueren van potentiële conflicten en het nemen van passende maatregelen om deze aan te pakken. Dit kan het uitvoeren van conflictcontroles inhouden voordat nieuwe cliënten of zaken worden geaccepteerd, het handhaven van een robuust beleid en procedures op het gebied van belangenconflicten binnen advocatenkantoren, en het raadplegen van collega's, ethisch adviseurs of juridische experts wanneer zich conflicten voordoen. Advocaten moeten ook transparant en openhartig zijn tegenover cliënten over eventuele belangenconflicten die tijdens de vertegenwoordiging kunnen ontstaan en geïnformeerde toestemming verkrijgen voordat zij tot vertegenwoordiging overgaan als het conflict niet adequaat kan worden opgelost.

Laten we het hebben over het belang van beleid en procedures voor belangenconflicten binnen advocatenkantoren. Advocatenkantoren hebben de verantwoordelijkheid om effectief beleid en procedures op het gebied van belangenconflicten vast te stellen en te handhaven om het ontstaan van conflicten te voorkomen en om ervoor te zorgen dat conflicten onmiddellijk en effectief worden geïdentificeerd en aangepakt wanneer ze zich voordoen. Dit kan het implementeren van systemen voor conflictcontrole inhouden, het opstellen van protocollen voor het oplossen van conflicten en het bieden van voortdurende training en opleiding aan advocaten en personeel over ethische verplichtingen met betrekking tot belangenconflicten. Door prioriteit te geven aan het beheer van belangenconflicten kunnen advocatenkantoren het risico op ethische schendingen minimaliseren, de belangen van hun cliënten beschermen en de integriteit van de advocatuur hooghouden.

Concluderend zijn belangenconflicten een alomtegenwoordige en complexe ethische uitdaging in de advocatuur, waardoor advocaten met integriteit en professionaliteit met concurrerende verplichtingen en belangen moeten omgaan. Door belangenconflicten snel en effectief te identificeren en aan te pakken, kunnen advocaten de belangen van hun cliënten beschermen, de integriteit van het rechtssysteem hooghouden en het vertrouwen van het publiek in de advocatuur behouden. Waakzaamheid, transparantie en toewijding aan ethisch gedrag zijn essentieel voor het navigeren door het ethische mijnenveld van belangenconflicten en het waarborgen van de hoogste normen van juridische vertegenwoordiging en professionaliteit.

Professionele integriteit: het handhaven van ethische normen in de juridische arena

Welkom in het domein van professionele integriteit in de advocatuur, waar het naleven van ethische normen de hoeksteen is van vertrouwen, geloofwaardigheid en effectiviteit als advocaat. Professionele integriteit omvat een toewijding aan eerlijkheid, eerlijkheid en ethisch gedrag in alle aspecten van de juridische praktijk, en vormt een leidraad voor de interacties van advocaten met cliënten, collega's, de rechtbank en het publiek. Laten we de principes van professionele integriteit onderzoeken, hun belang in de juridische arena en de ethische verplichtingen die ze met zich meebrengen.

Laten we eerst en vooral praten over wat professionele integriteit betekent in de context van de advocatuur. Professionele integriteit gaat verder dan louter het naleven van de letter van de wet; het omvat een toewijding aan het handhaven van de hoogste normen van ethisch gedrag, zelfs als niemand kijkt. Het betekent eerlijk, eerlijk en transparant handelen in alle transacties, en het naleven van de principes van integriteit, betrouwbaarheid en verantwoordelijkheid in elk aspect van de juridische praktijk. Professionele integriteit is niet alleen maar een stel regels; het is een manier van leven voor advocaten, die hun acties en beslissingen sturen in het nastreven van rechtvaardigheid, eerlijkheid en het algemeen belang.

Laten we het nu hebben over het belang van professionele integriteit op juridisch gebied. Professionele integriteit is essentieel voor het behoud van het vertrouwen van het publiek in het rechtssysteem en de advocatuur. Aan advocaten is de verantwoordelijkheid toevertrouwd om de rechtsstaat te handhaven, recht te spreken en de rechten en belangen van hun cliënten te beschermen. Professionele integriteit vormt de basis van dit vertrouwen; het zorgt ervoor dat advocaten met integriteit, eerlijkheid en eerlijkheid handelen in hun interacties met cliënten, collega's, de rechtbank en het publiek, waardoor de integriteit en geloofwaardigheid van de advocatuur als geheel hoog wordt gehouden.

Laten we het vervolgens hebben over de ethische verplichtingen met betrekking tot professionele integriteit. Advocaten zijn gebonden aan strikte ethische regels en gedragscodes die hun gedrag bepalen en hun interacties met cliënten, collega's, de rechtbank en het publiek begeleiden. Deze regels vereisen dat advocaten eerlijk, openhartig en eerlijk handelen in alle transacties, de vertrouwelijkheid van cliëntinformatie behouden, belangenconflicten vermijden en voorrang geven aan de belangen van hun cliënten boven alle andere overwegingen. Het hooghouden van de professionele integriteit vereist ook dat advocaten ethische schendingen of wangedrag door andere leden van de advocatuur melden, waardoor de verantwoordelijkheid wordt bevorderd en de integriteit van het rechtssysteem wordt gehandhaafd.

Laten we het nu hebben over hoe advocaten professionele integriteit kunnen tonen in hun dagelijkse praktijk. Professionele integriteit blijkt uit het consequent naleven van ethische normen en principes in alle aspecten van de juridische praktijk. Het betekent eerlijk en transparant zijn tegenover cliënten over de sterke en zwakke punten van hun zaak, competente en zorgvuldige vertegenwoordiging bieden en ijverig opkomen voor de belangen van cliënten binnen de grenzen van de wet. Het betekent dat collega's, tegenpartijen en de rechtbank met respect en hoffelijkheid worden behandeld, en dat bij alle interacties de hoogste normen van professionaliteit en beleefdheid worden nageleefd. Professionele integriteit omvat ook het snel en effectief herkennen en aanpakken van ethische dilemma's en belangenconflicten, en het zoeken naar begeleiding of hulp wanneer dat nodig is om de naleving van ethische verplichtingen te garanderen.

Laten we het hebben over de rol van professionele integriteit bij het bevorderen van de toegang tot de rechter en het algemeen belang. Het hooghouden van de professionele integriteit gaat niet alleen over het beschermen van de belangen van individuele cliënten – het gaat ook over het bevorderen van de bredere doelstellingen van rechtvaardigheid, eerlijkheid en de rechtsstaat in de samenleving. Advocaten hebben de plicht om de toegang tot de rechter te bevorderen en hun vaardigheden en expertise te gebruiken om op te komen voor degenen die gemarginaliseerd of benadeeld zijn. Professionele integriteit vereist dat advocaten handelen in het algemeen belang, dat zij de beginselen van eerlijkheid, billijkheid en een eerlijk proces hooghouden, en dat zij werken aan een rechtssysteem dat toegankelijk en transparant is en verantwoording aflegt aan alle leden van de samenleving.

Kortom, professionele integriteit is de basis van vertrouwen, geloofwaardigheid en effectiviteit in de advocatuur. Door het handhaven van de hoogste normen van ethisch gedrag kunnen advocaten het vertrouwen van het publiek in het rechtssysteem behouden, de toegang tot de rechter bevorderen en de beginselen van eerlijkheid, gelijkheid en de rechtsstaat in de samenleving bevorderen. Professionele integriteit is niet alleen een plicht; het is een voorrecht en een verantwoordelijkheid die advocaten gedurende hun hele loopbaan met zich meedragen en die hun acties en beslissingen begeleiden in het nastreven van gerechtigheid, eerlijkheid en het algemeen belang.

Evenwicht tussen werk en privéleven: welzijn bevorderen in de advocatuur

Welkom bij de verkenning van de balans tussen werk en privéleven op juridisch gebied, waar het streven naar professionele uitmuntendheid samengaat met de behoefte aan persoonlijk welzijn en voldoening. Het evenwicht tussen werk en privéleven is een essentieel onderdeel van de algehele tevredenheid, productiviteit en succes van een advocaat. In deze discussie gaan we dieper in op het belang van de balans tussen werk en privéleven, de strategieën om dit te bereiken en de impact ervan op de advocatuur.

Laten we eerst en vooral het belang van de balans tussen werk en privéleven onderkennen. De advocatuur staat bekend om zijn veeleisende werkdruk, zaken waarbij veel op het spel staat en lange werkdagen. Het behouden van een gezond evenwicht tussen werk en privéleven is echter cruciaal om burn-out te voorkomen, stress te verminderen en het algehele welzijn te behouden. Door een evenwicht tussen werk en privéleven te bereiken, kunnen advocaten nieuwe energie opdoen, persoonlijke interesses nastreven en relaties buiten het werk onderhouden, wat leidt tot grotere tevredenheid en vervulling, zowel op persoonlijk als professioneel vlak.

Laten we nu eens kijken naar strategieën voor het bereiken van een evenwicht tussen werk en privéleven. Grenzen stellen is van cruciaal belang; het stellen van duidelijke grenzen tussen werktijd en persoonlijke tijd kan helpen voorkomen dat werk inbreuk maakt op andere gebieden van het leven. Hierbij kan het gaan om het vaststellen van specifieke werkuren, het reserveren van tijd voor ontspanning en vrijetijdsactiviteiten, en het leren nee zeggen tegen buitensporige werkeisen wanneer dat nodig is. Prioriteit geven aan zelfzorg is ook essentieel: tijd vrijmaken voor lichaamsbeweging, hobby's en sociale contacten kan het energieniveau aanvullen en het algehele welzijn verbeteren. Bovendien kunnen advocaten door effectief tijdmanagement, delegatie en het zoeken naar steun van collega's of mentoren hun werklast efficiënter beheren en stress verminderen.

Laten we vervolgens de voordelen van een goed evenwicht tussen werk en privéleven voor advocaten en de advocatuur bespreken. Een evenwicht tussen werk en privéleven leidt tot gelukkigere, gezondere en meer betrokken advocaten, wat op zijn beurt een positieve invloed kan hebben op de arbeidstevredenheid, productiviteit en retentie binnen advocatenkantoren en organisaties. Advocaten die prioriteit geven aan de balans tussen werk en privéleven zijn vaak meer gefocust, gemotiveerd en veerkrachtiger, wat leidt tot betere resultaten voor cliënten en een hogere klanttevredenheid. Bovendien kan het bevorderen van de balans tussen werk en privéleven advocatenkantoren helpen toptalent aan te trekken en te behouden, een positieve werkcultuur te cultiveren en hun reputatie als favoriete werkgever in de juridische sector te versterken.

Laten we nu eens kijken naar enkele veelvoorkomende uitdagingen bij het bereiken van een evenwicht tussen werk en privéleven in de advocatuur. De veeleisende aard van juridisch werk, gecombineerd met de factureerbare urenvereisten, eisen van klanten en strakke deadlines, kan het voor advocaten een uitdaging maken om prioriteit te geven aan hun persoonlijk welzijn. Bovendien kan de cultuur van overwerk en de perceptie dat lange uren gelijk staan aan toewijding en succes de druk creëren om prioriteit te geven aan werk, ten koste van het persoonlijke leven. Bovendien kan de opkomst van technologie en werken op afstand de grenzen tussen werk en privéleven doen vervagen, waardoor het moeilijk wordt om buiten de werkuren de verbinding te verbreken en tot rust te komen.

Laten we het belang benadrukken van zelfbewustzijn en zelfzorg bij het bereiken van een evenwicht tussen werk en privéleven. Het herkennen van de tekenen van burn-out, stress en vermoeidheid is essentieel voor het nemen van proactieve stappen om prioriteit te geven aan welzijn. Advocaten moeten prioriteit geven aan zelfzorgactiviteiten die hun fysieke, mentale en emotionele gezondheid voeden, of het nu gaat om sporten, mindfulness beoefenen, tijd doorbrengen met dierbaren of het nastreven van hobby's en interesses buiten het werk. Bovendien kan het zoeken naar steun van collega's, mentoren of professionals in de geestelijke gezondheidszorg waardevolle begeleiding en hulpmiddelen bieden voor het omgaan met stress en het bereiken van een grotere balans in het leven.

Kortom, de balans tussen werk en privéleven is niet alleen een luxe, het is een noodzaak voor advocaten om zowel persoonlijk als professioneel te kunnen floreren. Door prioriteit te geven aan welzijn, grenzen te stellen en zelfzorgpraktijken te cultiveren, kunnen advocaten meer voldoening, veerkracht en succes in hun carrière bereiken. De balans tussen werk en privéleven gaat niet over het opofferen van professionele ambities; het gaat over het koesteren van holistisch welzijn en het vinden van harmonie tussen werk, privéleven en voldoening. Naarmate de advocatuur zich blijft ontwikkelen, zal het bevorderen van het evenwicht tussen werk en privéleven essentieel zijn voor het bevorderen van een cultuur van gezondheid, geluk en uitmuntendheid in de advocatuur.

Bewustzijn van de geestelijke gezondheid: welzijn bevorderen in de juridische gemeenschap

Welkom bij de dialoog over het bewustzijn over geestelijke gezondheid in de juridische gemeenschap, waar open gesprekken, ondersteuning en middelen essentieel zijn voor het bevorderen van het welzijn en de veerkracht onder advocaten en juridische professionals. Geestelijke gezondheid is een essentieel aspect van het algehele welzijn, maar stigmatisering, stress en de veeleisende aard van juridisch werk kunnen aanzienlijke uitdagingen voor het geestelijk welzijn met zich meebrengen. In deze discussie onderzoeken we het belang van bewustzijn op het gebied van de geestelijke gezondheid, strategieën voor het ondersteunen van geestelijk welzijn en de middelen die beschikbaar zijn voor advocaten die met geestelijke gezondheidsproblemen worden geconfronteerd.

Laten we eerst en vooral het belang van bewustzijn over de geestelijke gezondheid erkennen. Advocaten en juridische professionals zijn niet immuun voor geestelijke gezondheidsproblemen. Het is zelfs bekend dat de advocatuur vaker last heeft van stress, angst, depressie en middelenmisbruik in vergelijking met andere beroepen. Het herkennen van de tekenen van geestelijke gezondheidsproblemen, het verminderen van stigmatisering en het bevorderen van een cultuur van openheid en steun zijn essentieel voor het bevorderen van geestelijk welzijn en veerkracht binnen de juridische gemeenschap.

Laten we nu strategieën bespreken voor het ondersteunen van geestelijk welzijn in de advocatuur. Het opbouwen van een ondersteunende werkcultuur die prioriteit geeft aan welzijn is van cruciaal belang. Hierbij kan het gaan om het aanbieden van middelen en training op het gebied van de geestelijke gezondheidszorg, het bevorderen van de balans tussen werk en privéleven en het bieden van toegang tot advies- en ondersteunende diensten. Het creëren van mogelijkheden voor advocaten om met elkaar in contact te komen en hun ervaringen te delen, hetzij via peer-supportgroepen, mentorprogramma's of welzijnsinitiatieven, kan ook helpen het isolement te verminderen en een gevoel van gemeenschap en verbondenheid te bevorderen.

Laten we vervolgens eens kijken naar de unieke stressfactoren en uitdagingen waarmee advocaten worden geconfronteerd en die van invloed kunnen zijn op de geestelijke gezondheid. De veeleisende aard van juridisch werk, zaken waarbij veel op het spel staat, de druk op de factureerbare uren en de vijandige aard van het rechtssysteem kunnen allemaal bijdragen aan stress, angst en burn-out onder advocaten. Bovendien kunnen de cultuur van perfectionisme, lange werktijden en de verwachting altijd beschikbaar te zijn geestelijke gezondheidsproblemen verder verergeren. Het onderkennen van deze uitdagingen en het nemen van proactieve stappen om deze aan te pakken, is essentieel voor het bevorderen van geestelijk welzijn en veerkracht in de advocatuur.

Laten we nu eens kijken naar het belang van zelfzorg en veerkracht bij het behouden van geestelijk welzijn. Het beoefenen van zelfzorgactiviteiten zoals lichaamsbeweging, mindfulness en hobby's kan advocaten helpen stress te beheersen, veerkracht op te bouwen en het algehele welzijn te verbeteren. Grenzen stellen, prioriteit geven aan de balans tussen werk en privéleven en steun zoeken bij collega's, mentoren of professionals in de geestelijke gezondheidszorg kunnen ook bijdragen aan een grotere veerkracht en geestelijk welzijn. Het is belangrijk dat advocaten prioriteit geven aan hun eigen welzijn en erkennen dat het zoeken naar hulp een teken van kracht is en niet van zwakte.

Laten we het belang benadrukken van het verminderen van stigmatisering en het bevorderen van open gesprekken over geestelijke gezondheid in de juridische gemeenschap. Het slechten van barrières bij het zoeken naar hulp en het creëren van een cultuur waarin advocaten zich op hun gemak voelen bij het bespreken van geestelijke gezondheidsproblemen is essentieel voor het bevorderen van steun en veerkracht. Het aanbieden van onderwijs en training op het gebied van bewustzijn op het gebied van de geestelijke gezondheidszorg, het destigmatiseren van psychische aandoeningen en het bevorderen van zelfzorg- en welzijnsinitiatieven kunnen allemaal bijdragen aan het creëren van een meer ondersteunende en inclusieve omgeving voor advocaten die met uitdagingen op het gebied van de geestelijke gezondheidszorg worden geconfronteerd.

Concluderend is bewustzijn op het gebied van de geestelijke gezondheidszorg essentieel voor het bevorderen van het welzijn en de veerkracht in de advocatuur. Door de tekenen van geestelijke gezondheidsproblemen te herkennen, het stigma te verminderen en een cultuur van openheid en steun te bevorderen, kunnen we een juridische gemeenschap creëren waarin advocaten zich bevoegd voelen om prioriteit te geven aan hun geestelijke welzijn en hulp te zoeken wanneer dat nodig is. Samen kunnen we de barrières voor de geestelijke gezondheidszorg slechten, de veerkracht bevorderen en een gezondere en meer ondersteunende omgeving creëren voor alle leden van de advocatuur.

Lichamelijke gezondheid: welzijn koesteren tijdens de juridische reis

Welkom bij de discussie over lichamelijke gezondheid, een hoeksteen van welzijn die essentieel is voor advocaten en juridische professionals die de eisen van hun beroep beheersen. Hoewel het juridische veld vaak wordt geassocieerd met mentale scherpte en intellectuele bekwaamheid, is het behouden van de fysieke gezondheid net zo belangrijk voor het behouden van energie, focus en veerkracht in het licht van uitdagingen. In deze dialoog onderzoeken we het belang van lichamelijke gezondheid, strategieën om prioriteit te geven aan welzijn en de voordelen van het integreren van gezonde gewoonten in het juridische traject.

Laten we eerst en vooral het belang van lichamelijke gezondheid erkennen. Advocaten en juridische professionals leiden een druk leven vol lange werkdagen, veeleisende deadlines en situaties onder hoge druk. In deze snelle omgeving is het gemakkelijk om het fysieke welzijn te verwaarlozen ten gunste van werkverplichtingen. Het geven van prioriteit aan de lichamelijke gezondheid is echter van cruciaal belang voor het behoud van het energieniveau, de mentale helderheid en de algehele vitaliteit, die essentieel zijn voor succes en voldoening in de advocatuur.

Laten we nu strategieën bespreken om prioriteit te geven aan lichamelijk welzijn tijdens het juridische traject. Regelmatige lichaamsbeweging, voedzaam eten, voldoende slaap en stressmanagement zijn fundamentele pijlers van de lichamelijke gezondheid die advocaten in hun dagelijkse routine kunnen opnemen. Het vinden van tijd voor fysieke activiteit, of het nu gaat om wandelen, yoga beoefenen of naar de sportschool gaan, kan advocaten helpen stress te beheersen, de stemming te verbeteren en de algehele gezondheid te verbeteren. Op dezelfde manier zijn het maken van gezonde voedingskeuzes, gehydrateerd blijven en prioriteit geven aan slaap essentieel voor het behouden van het energieniveau en het optimaliseren van de cognitieve functie.

Laten we vervolgens eens kijken naar de unieke uitdagingen waarmee advocaten worden geconfronteerd als het gaat om het behouden van de lichamelijke gezondheid. De veeleisende aard van juridisch werk, lange werkdagen en een zittende levensstijl kunnen hun tol eisen van het fysieke welzijn, wat kan leiden tot problemen zoals een slechte houding, rugpijn en chronische stress. Bovendien kan de cultuur van overwerk en de druk om prioriteit te geven aan werk het voor advocaten lastig maken om prioriteit te geven aan zelfzorg en tijd vrij te maken voor gezonde gewoonten. Het onderkennen van deze uitdagingen en het nemen van proactieve stappen om deze aan te pakken, is essentieel voor het bevorderen van het fysieke welzijn in de advocatuur.

Laten we nu de voordelen bespreken van het integreren van gezonde gewoonten in het juridische traject. Prioriteit geven aan lichamelijke gezondheid verbetert niet alleen het algehele welzijn, maar verbetert ook de productiviteit, focus en veerkracht bij uitdagingen. Het is aangetoond dat regelmatige lichaamsbeweging stress vermindert, de stemming verbetert en de cognitieve functie verbetert – allemaal zaken die essentieel zijn voor succes in de advocatuur. Op dezelfde manier kunnen voedzaam eten, voldoende slaap en technieken voor stressbeheersing advocaten helpen het energieniveau, de mentale helderheid en de algehele vitaliteit op peil te houden, waardoor ze zowel persoonlijk als professioneel op hun best kunnen presteren.

Laten we het belang benadrukken van zelfzorg en evenwicht bij het behouden van de lichamelijke gezondheid. Advocaten geven vaak voorrang aan de behoeften van hun cliënten en de eisen van hun werk boven hun eigen welzijn, maar het verwaarlozen van zelfzorg kan uiteindelijk de prestaties ondermijnen en tot een burn-out leiden. Het vinden van evenwicht, het stellen van grenzen en het maken van tijd voor zelfzorgactiviteiten zijn essentieel voor het behoud van de lichamelijke gezondheid en het algehele welzijn. Het is belangrijk dat advocaten prioriteit geven aan hun eigen welzijn en erkennen dat voor zichzelf zorgen niet egoïstisch is; het is essentieel voor succes en voldoening op de lange termijn in de advocatuur.

Kortom, lichamelijke gezondheid is een essentieel onderdeel van het welzijn dat essentieel is voor succes en voldoening in de advocatuur. Door prioriteit te geven aan gezonde gewoonten, balans te vinden en van zelfzorg een prioriteit te maken, kunnen advocaten het energieniveau op peil houden, de veerkracht vergroten en zowel persoonlijk als professioneel op hun best presteren. Het integreren van fysiek welzijn in het juridische traject verbetert niet alleen het individuele welzijn, maar draagt ook bij aan een gezondere, levendigere juridische gemeenschap als geheel.

Prestatiebeoordelingen: groei en uitmuntendheid in de juridische praktijk bevorderen

Prestatiebeoordelingen zijn een essentieel onderdeel van de professionele ontwikkeling in de advocatuur en bieden waardevolle feedback, begeleiding en mogelijkheden voor groei en verbetering. Dankzij deze gestructureerde evaluaties kunnen advocaten reflecteren op hun prestaties, ontwikkelingsgebieden identificeren en doelen stellen voor de toekomst. In deze uitgebreide discussie onderzoeken we het belang van prestatiebeoordelingen, best practices voor het uitvoeren van beoordelingen en de voordelen die ze bieden voor zowel advocaten als advocatenkantoren.

Laten we eerst en vooral de betekenis van functioneringsgesprekken in de advocatuur bespreken. Prestatiebeoordelingen dienen als een formeel mechanisme voor het evalueren van de prestaties van advocaten, waarbij feedback wordt gegeven over hun sterke punten, verbeterpunten en algemene bijdragen aan het kantoor of de organisatie. Deze beoordelingen bieden een gestructureerd raamwerk voor het beoordelen van prestaties aan de hand van vastgestelde criteria, het bevorderen van verantwoordelijkheid en het bevorderen van voortdurend leren en ontwikkelen. Door een platform te bieden voor een open dialoog en constructieve feedback, stellen prestatiebeoordelingen advocaten in staat om te groeien, uit te blinken en hun volledige potentieel in hun juridische carrière te bereiken.

Laten we nu eens kijken naar de belangrijkste componenten van effectieve prestatiebeoordelingen. Een goed afgeronde prestatiebeoordeling omvat doorgaans een beoordeling van verschillende aspecten van het werk van een advocaat, zoals juridische kennis en expertise, klantenservice en communicatieve vaardigheden, teamwerk en samenwerking, en het naleven van vaste waarden en beleid. Bij beoordelingen kan ook rekening worden gehouden met factoren als factureerbare uren, caseloadbeheer, inspanningen op het gebied van bedrijfsontwikkeling en bijdragen aan de bedrijfscultuur en betrokkenheid van de gemeenschap. Door de prestaties op deze dimensies te beoordelen, kunnen bedrijven uitgebreide feedback geven die betrekking heeft op zowel technische competenties als interpersoonlijke vaardigheden die essentieel zijn voor succes in de advocatuur.

Laten we vervolgens de best practices voor het uitvoeren van prestatiebeoordelingen bespreken. Voorbereiding is essentieel: managers moeten relevante informatie en documentatie verzamelen, zoals de uitkomsten van zaken, feedback van klanten en factureringsgegevens, om het beoordelingsproces te informeren. Evaluaties moeten tijdig worden uitgevoerd, zodat er voldoende tijd is voor reflectie, discussie en het stellen van doelen. Feedback moet specifiek, constructief en uitvoerbaar zijn, waarbij de nadruk ligt op gedrag en resultaten in plaats van op persoonlijke kenmerken. Het is ook belangrijk om een ondersteunende en niet-bedreigende omgeving te creëren die open communicatie en samenwerking tussen reviewers en reviewers stimuleert. Ten slotte mogen prestatiebeoordelingen geen eenmalige gebeurtenis zijn, maar eerder een doorlopend proces dat het hele jaar door regelmatig plaatsvindt, waarbij voortdurende feedback en aanpassing mogelijk is als dat nodig is.

Laten we nu eens kijken naar de voordelen van prestatiebeoordelingen voor advocaten en advocatenkantoren. Voor advocaten bieden prestatiebeoordelingen waardevolle inzichten in hun sterke punten en groeigebieden, waardoor ze kansen kunnen identificeren voor de ontwikkeling van vaardigheden en loopbaanontwikkeling. Recensies kunnen ook dienen als platform voor het erkennen van prestaties en het vieren van successen, waardoor het moreel en de motivatie worden gestimuleerd. Voor advocatenkantoren stellen prestatiebeoordelingen bedrijven in staat de algehele gezondheid en effectiviteit van hun juridische teams te beoordelen, talenthiaten en behoeften op het gebied van opvolgingsplanning te identificeren en individuele prestaties af te stemmen op de doelstellingen en prioriteiten van de organisatie. Door te investeren in prestatiebeoordelingen kunnen bedrijven een cultuur van uitmuntendheid, verantwoordelijkheid en voortdurende verbetering cultiveren die succes en concurrentievoordeel op de juridische markt stimuleert.

Laten we de algemene uitdagingen en overwegingen bij het uitvoeren van prestatiebeoordelingen bespreken. Eén uitdaging is het garanderen van consistentie en eerlijkheid bij alle beoordelingen, vooral bij bedrijven met meerdere beoordelaars of verschillende beoordelingsprocessen. Het bieden van training en begeleiding aan reviewers kan helpen het reviewproces te standaardiseren en vooringenomenheid of subjectiviteit te minimaliseren. Een andere overweging is het managen van verwachtingen en het aanpakken van potentiële onenigheid of conflict tussen reviewers en reviewers. Open communicatie, actief luisteren en de bereidheid om een gemeenschappelijke basis te zoeken, kunnen helpen deze uitdagingen het hoofd te bieden en een constructief beoordelingsproces te bevorderen.

Kortom, prestatiebeoordelingen spelen een cruciale rol bij het bevorderen van groei en uitmuntendheid in de advocatuur. Door gestructureerde feedback, begeleiding en ontwikkelingsmogelijkheden te bieden, stellen prestatiebeoordelingen advocaten in staat hun potentieel te maximaliseren en bij te dragen aan het succes van hun kantoor of organisatie. Door best practices te omarmen, uitdagingen aan te pakken en prioriteit te geven aan voortdurende feedback en ontwikkeling, kunnen bedrijven prestatiebeoordelingen inzetten als een krachtig instrument voor het bevorderen van een cultuur van uitmuntendheid, verantwoordelijkheid en voortdurende verbetering in de advocatuur.

Promotie en carrièregroei: navigeren op de weg naar succes in de advocatuur

Promotie en carrièregroei zijn belangrijke mijlpalen in de advocatuur en vertegenwoordigen de erkenning van de prestaties, bijdragen en mogelijkheden van een advocaat voor vooruitgang. Het pad naar succes in de advocatuur navigeren vereist een combinatie van hard werken, strategische planning en voortdurend leren en ontwikkelen. In deze uitgebreide discussie onderzoeken we de factoren die bijdragen aan promotie en carrièregroei, strategieën om vooruitgang te boeken in de advocatuur en de mogelijkheden die advocaten ter beschikking staan om hun professionele doelen te bereiken.

Laten we eerst en vooral de factoren bespreken die bijdragen aan promotie en carrièregroei in de advocatuur. Hoewel de specifieke criteria voor promotie kunnen variëren afhankelijk van het bedrijf, het praktijkgebied en de individuele carrièredoelen, zijn er verschillende gemeenschappelijke factoren waarmee vaak rekening wordt gehouden bij promotiebeslissingen. Deze kunnen onder meer juridische expertise en competentie omvatten, aangetoond leiderschap en initiatief, klantontwikkeling en het genereren van bedrijfsactiviteiten, teamwerk en samenwerking, en het naleven van vaste waarden en beleid. Advocaten die uitblinken op deze gebieden en blijk geven van toewijding aan voortdurend leren en professionele ontwikkeling, zijn vaak goed gepositioneerd voor promotie en loopbaanontwikkeling.

Laten we ons nu verdiepen in strategieën om vooruitgang te boeken in de advocatuur en om jezelf te positioneren voor promotie. Het opbouwen van een sterke basis van juridische kennis en expertise is van essentieel belang; advocaten moeten zich concentreren op het aanscherpen van hun vaardigheden, het beheersen van hun praktijkgebied en het op de hoogte blijven van de ontwikkelingen op juridisch gebied. Het aannemen van uitdagende opdrachten, het zoeken naar mogelijkheden voor professionele groei en het tonen van de bereidheid om leiderschapsrollen op zich te nemen, kan ook de zichtbaarheid en geloofwaardigheid binnen het bedrijf of de organisatie vergroten. Bovendien kan het investeren in netwerken en het opbouwen van relaties, zowel binnen het kantoor als met cliënten en branchecontacten, advocaten helpen hun invloedssfeer uit te breiden en kansen voor carrièregroei te creëren.

Laten we vervolgens eens kijken naar de rol van mentorschap en sponsoring bij loopbaanontwikkeling. Het hebben van mentoren en sponsors die begeleiding, ondersteuning en belangenbehartiging bieden, kan een belangrijke rol spelen bij het navigeren op het pad naar promotie en carrièregroei. Mentoren kunnen waardevolle inzichten, advies en feedback bieden op basis van hun eigen ervaringen en expertise, waardoor advocaten kunnen omgaan met uitdagingen, kansen kunnen identificeren en weloverwogen carrièrebeslissingen kunnen nemen. Sponsors daarentegen zijn invloedrijke individuen binnen het bedrijf of de organisatie die de loopbaanontwikkeling van hun beschermelingen actief ondersteunen en bevorderen, voor hen pleiten bij promotiebeslissingen en toegang bieden tot belangrijke kansen en netwerken. Het cultiveren van betekenisvolle relaties met mentoren en sponsors kan een krachtige katalysator zijn voor loopbaanontwikkeling en professioneel succes in de advocatuur.

Laten we nu eens kijken naar het belang van voortdurend leren en professionele ontwikkeling voor vooruitgang in de advocatuur. Het juridische landschap evolueert voortdurend, waarbij regelmatig nieuwe wetten, regelgeving en juridische trends opduiken. Advocaten die prioriteit geven aan voortdurend leren en ontwikkelen, hetzij via formele trainingsprogramma's, permanente educatiecursussen of zelfstudie, zijn beter toegerust om zich aan te passen aan veranderingen, voorop te blijven lopen en uit te blinken in hun praktijk. Bovendien kan het nastreven van professionele certificeringen, specialisaties of hogere graden de expertise, geloofwaardigheid en verkoopbaarheid vergroten, waardoor nieuwe mogelijkheden voor carrièregroei en vooruitgang worden geopend.

Laten we de gemeenschappelijke uitdagingen en overwegingen bespreken bij het nastreven van promotie en carrièregroei in de advocatuur. Eén uitdaging is het managen van verwachtingen en tijdlijnen voor promotie; beslissingen over promotie kunnen worden beïnvloed door factoren zoals de bedrijfscultuur, marktomstandigheden en individuele prestaties, en komen mogelijk niet altijd overeen met de gewenste tijdlijnen van advocaten. Geduld, doorzettingsvermogen en een focus op langetermijndoelen zijn essentieel om deze uitdagingen het hoofd te bieden en gemotiveerd te blijven op het pad naar vooruitgang. Bovendien moeten advocaten proactief zijn bij het zoeken naar feedback, het identificeren van verbeterpunten en het nemen van verantwoordelijkheid voor hun loopbaanontwikkeling, in plaats van te wachten tot er zich kansen voordoen.

Kortom, promotie en carrièregroei zijn belangrijke mijlpalen in de advocatuur, die de erkenning vertegenwoordigen van de prestaties, bijdragen en mogelijkheden van een advocaat voor vooruitgang. Door zich te concentreren op het opbouwen van expertise, het tonen van leiderschap, het cultiveren van relaties en het geven van prioriteit aan voortdurend leren en ontwikkelen, kunnen advocaten zichzelf positioneren voor succes en kansen creëren voor vooruitgang in hun juridische carrière. Door strategische planning, doorzettingsvermogen en een streven naar uitmuntendheid te omarmen, kunnen advocaten het pad naar promotie navigeren en hun professionele doelen bereiken in het dynamische en lonende rechtsgebied.

Uw praktijk opbouwen: strategieën voor succes in juridisch ondernemerschap

Het opbouwen van een succesvolle juridische praktijk vereist meer dan alleen juridische expertise; het vereist een ondernemersvisie, strategische planning en toewijding aan klantenservice en bedrijfsontwikkeling. In deze uitgebreide discussie onderzoeken we de belangrijkste componenten van het opbouwen van een succesvolle juridische praktijk, van het definiëren van uw niche en het aantrekken van klanten tot het beheren van de activiteiten en het bevorderen van groei.

Laten we eerst en vooral het belang bespreken van het definiëren van uw niche en het identificeren van uw doelgroep. Door u te specialiseren in een specifiek rechtsgebied kunt u zich onderscheiden van de concurrentie, expertise opbouwen en cliënten aantrekken die op zoek zijn naar gespecialiseerde diensten. Houd rekening met uw sterke punten, interesses en ervaring bij het definiëren van uw niche, en onderzoek markttrends en klantbehoeften om groeimogelijkheden te identificeren. Door uw praktijk te richten op een specifieke niche of branche, kunt u uzelf positioneren als een vertrouwde adviseur en go-to-expert in uw vakgebied.

Laten we nu eens kijken naar strategieën voor het aantrekken van klanten en het opbouwen van een klantenbestand. Netwerken en het opbouwen van relaties zijn essentieel: woon branche-evenementen bij, sluit u aan bij professionele verenigingen en neem deel aan netwerkgroepen om uw bereik te vergroten en in contact te komen met potentiële klanten en verwijzingsbronnen. Door een online aanwezigheid op te bouwen via een professionele website, blog of sociale media, kunt u ook de bekendheid van uw diensten vergroten en klanten aantrekken die op zoek zijn naar juridische vertegenwoordiging. Bovendien kan het aanbieden van diensten met toegevoegde waarde, zoals educatieve workshops of gratis consultaties, bijdragen aan het opbouwen van vertrouwen en geloofwaardigheid bij potentiële klanten en uw praktijk onderscheiden van de concurrentie.

Laten we vervolgens het belang van klantenservice en klanttevredenheid bespreken bij het opbouwen van een succesvolle juridische praktijk. Het bieden van uitzonderlijke klantenservice is de sleutel tot het aantrekken en behouden van klanten en het genereren van positieve mond-tot-mondreclame. Communiceer duidelijk en snel met cliënten, beheer de verwachtingen effectief en houd cliënten op de hoogte tijdens het juridische proces. Luister actief naar hun zorgen, toon empathie en begrip en doe er alles aan om hun verwachtingen te overtreffen. Door prioriteit te geven aan klanttevredenheid en het leveren van resultaten, kunt u een uitmuntende reputatie opbouwen en het vertrouwen en de loyaliteit van uw klanten verdienen.

Laten we nu eens kijken naar strategieën voor het beheren van activiteiten en het bevorderen van de groei in uw juridische praktijk. Het implementeren van efficiënte systemen en processen, zoals casemanagementsoftware, factureringssystemen en tools voor documentautomatisering, kan helpen de workflows te stroomlijnen, de productiviteit te verbeteren en de klantenservice te verbeteren. Investeren in professionele ontwikkeling en permanente educatie kan u ook helpen trends in de sector voor te blijven, uw vaardigheden uit te breiden en toegevoegde waarde te bieden aan uw klanten. Overweeg daarnaast strategische partnerschappen of samenwerkingen met andere professionals of bedrijven om uw serviceaanbod uit te breiden, nieuwe markten te bereiken en te profiteren van groeimogelijkheden.

Laten we de gemeenschappelijke uitdagingen en overwegingen bij het opbouwen van een juridische praktijk aanpakken. Eén uitdaging is het effectief beheren van tijd en middelen. Het starten en laten groeien van een praktijk vergt veel tijd, moeite en investeringen, en het is belangrijk om prioriteit te geven aan activiteiten die het hoogste rendement op de investering opleveren. Het opbouwen van een duurzaam klantenbestand kost tijd, geduld en doorzettingsvermogen, en het is belangrijk om gefocust te blijven op langetermijndoelen terwijl je door de ups en downs van het ondernemerschap navigeert. Bovendien is het essentieel om flexibel en responsief te blijven op veranderende marktomstandigheden, klantbehoeften en branchetrends om concurrerend en relevant te blijven in het steeds evoluerende juridische landschap.

Kortom, het opbouwen van een succesvolle juridische praktijk vereist een combinatie van juridische expertise, ondernemerszin en klantgerichte dienstverlening. Door uw niche te definiëren, klanten aan te trekken, uitzonderlijke service te bieden en de activiteiten effectief te beheren, kunt u een bloeiende praktijk creëren die waarde levert aan klanten en succes op de lange termijn genereert. Door strategische planning, continu leren en streven naar uitmuntendheid te omarmen, kunt u een juridische praktijk opbouwen die niet alleen voldoet aan de behoeften van uw cliënten, maar ook aan uw professionele ambities voldoet en bijdraagt aan uw persoonlijke en financiële succes.

Overgang naar partnerschap: navigeren op de weg naar leiderschap in de advocatuur

De overstap naar een partnerschap is een belangrijke mijlpaal in de advocatuur en vertegenwoordigt de erkenning van de bijdragen, het leiderschap en het potentieel van een advocaat voor succes op de lange termijn binnen het kantoor. Deze transitie vereist een zorgvuldige planning, strategische besluitvorming en een streven naar uitmuntendheid in de juridische praktijk en klantenservice. In deze uitgebreide discussie onderzoeken we de stappen die betrokken zijn bij de transitie naar een partnerschap, overwegingen voor aspirant-partners en strategieën om succes te behalen in deze nieuwe rol.

Laten we eerst en vooral de criteria voor partnerschap bespreken en de factoren waarmee bedrijven rekening houden bij het beoordelen van kandidaten voor een partnerschap. Hoewel de specifieke criteria kunnen variëren afhankelijk van de omvang, de praktijkgebieden en de cultuur van het bedrijf, zijn gemeenschappelijke factoren vaak onder meer juridische expertise en competentie, bedrijfsontwikkeling en klantenwerving, leiderschap en initiatief, teamwerk en samenwerking, en het naleven van de waarden en het beleid van het bedrijf. Advocaten die op deze gebieden uitblinken en blijk geven van succes en potentieel voor toekomstig leiderschap, worden vaak beschouwd als sterke kandidaten voor een partnerschap.

Laten we nu eens kijken naar de stappen die betrokken zijn bij de overgang naar een partnerschap. De reis naar een partnerschap begint doorgaans met een formeel evaluatieproces, waarbij kandidaten worden beoordeeld op basis van hun prestaties, bijdragen en potentieel voor leiderschap binnen het bedrijf. Dit kan een beoordeling inhouden van declarabele uren, de inspanningen voor de ontwikkeling van cliënten, de uitkomsten van zaken en de bijdragen aan de bedrijfscultuur en de betrokkenheid van de gemeenschap. Van kandidaten kan ook worden verlangd dat zij blijk geven van hun toewijding aan de waarden en doelstellingen van het bedrijf, en dat zij interviews of evaluaties ondergaan door de leiding van het bedrijf of door partnerschapscommissies.

Laten we vervolgens de overwegingen voor aspirant-partners en strategieën ter voorbereiding op een partnerschap bespreken. Het opbouwen van een sterke basis van juridische expertise en klantrelaties is essentieel; advocaten moeten zich concentreren op het aanscherpen van hun vaardigheden, het beheersen van hun praktijkgebied en het cultiveren van relaties met klanten en verwijzingsbronnen. Bovendien kan het tonen van leiderschap en initiatief binnen het kantoor, zoals het begeleiden van junior advocaten, het deelnemen aan kantoorcommissies en het bijdragen aan bedrijfsinitiatieven, de zichtbaarheid en geloofwaardigheid vergroten en advocaten positioneren voor partnerschap. Ten slotte is het belangrijk dat aspirant-partners hun interesse in partnerschap kenbaar maken aan de leiding van het bedrijf, feedback en begeleiding zoeken en actief op zoek gaan naar mogelijkheden voor groei en ontwikkeling binnen het bedrijf.

Laten we nu eens kijken naar de voordelen en verantwoordelijkheden van partnerschap in de advocatuur. Partnership biedt advocaten een gevoel van eigenaarschap, autonomie en controle over hun praktijk, evenals toegang tot stevige middelen, ondersteuning en mogelijkheden voor professionele groei en vooruitgang. Partners zijn ook verantwoordelijk voor het management, de besluitvorming en de strategische planning van het bedrijf en hebben een gevestigd belang bij het succes en de winstgevendheid van het bedrijf. Bovendien brengt partnerschap meer prestige, erkenning en winstpotentieel met zich mee, evenals de mogelijkheid om de toekomstige richting en cultuur van het bedrijf vorm te geven.

Laten we de gemeenschappelijke uitdagingen en overwegingen bij de transitie naar partnerschap aanpakken. Eén uitdaging is het managen van de verwachtingen en de tijdlijnen voor een partnerschap. Terwijl sommige advocaten misschien op de goede weg zijn naar een partnerschap, moeten anderen wellicht hun inzet en capaciteiten over een langere periode aantonen. Het is belangrijk dat aspirant-partners geduldig, volhardend en proactief zijn bij het nastreven van hun doelen en het zoeken naar feedback en begeleiding van stevig leiderschap. Bovendien vereist de overgang naar partnerschap de bereidheid om grotere verantwoordelijkheden op zich te nemen, risico's te beheersen en zich aan te passen aan de eisen van leiderschap, waarvoor mogelijk aanvullende training, ondersteuning en middelen nodig zijn.

Concluderend is de overgang naar partnerschap een belangrijke mijlpaal in de advocatuur, die de erkenning vertegenwoordigt van de bijdragen, het leiderschap en het potentieel van een advocaat voor succes op de lange termijn binnen het kantoor. Door zich te concentreren op juridische excellentie, klantenservice en leiderschap kunnen aspirant-partners zichzelf positioneren voor succes en een zinvolle bijdrage leveren aan de groei en het succes van hun bedrijf. Door strategische planning, continu leren en streven naar uitmuntendheid te omarmen, kunnen advocaten de weg naar partnerschap navigeren en hun professionele doelen bereiken in het dynamische en lonende rechtsgebied.

Technologie in het recht: innovatie benutten voor juridische uitmuntendheid

Technologie heeft een revolutie teweeggebracht in de rechtspraktijk, waardoor advocaten efficiënter kunnen werken, effectiever kunnen communiceren en uitzonderlijke service aan cliënten kunnen leveren. Van documentautomatisering en e-discovery tot kunstmatige intelligentie en cloudgebaseerde platforms: technologische innovaties transformeren elk aspect van de juridische praktijk. In deze uitgebreide discussie onderzoeken we de rol van technologie in de advocatuur, de impact ervan op de juridische praktijk en dienstverlening aan cliënten, en de kansen en uitdagingen die dit biedt voor advocaten en advocatenkantoren.

Laten we eerst en vooral het belang van technologie in de advocatuur bespreken. Technologie is een integraal onderdeel geworden van de moderne juridische praktijk, waardoor advocaten de workflows kunnen stroomlijnen, zaken effectiever kunnen beheren en betere resultaten voor cliënten kunnen behalen. Van juridisch onderzoek en casemanagement tot het opstellen van documenten en communicatie met klanten: technologische hulpmiddelen en platforms verbeteren de efficiëntie, productiviteit en samenwerking binnen advocatenkantoren en organisaties. Door gebruik te maken van technologie kunnen advocaten slimmer werken in plaats van harder, en hun tijd en middelen richten op het leveren van diensten met toegevoegde waarde en strategisch advies aan cliënten.

Laten we nu eens kijken naar de impact van technologie op de juridische praktijk en klantenservice. Een van de belangrijkste voordelen van technologie is het vermogen om routinematige taken en processen te automatiseren, zoals het beoordelen van documenten, het opstellen van contracten en het analyseren van zaken, waardoor advocaten de ruimte krijgen om zich te concentreren op waardevoller werk en strategische besluitvorming. Bovendien geeft technologie advocaten toegang tot enorme hoeveelheden juridische informatie en gegevens, waardoor ze uitgebreid juridisch onderzoek kunnen doen, jurisprudentie en precedenten kunnen analyseren en beter geïnformeerde beslissingen kunnen nemen namens hun cliënten. Bovendien vergemakkelijkt technologie de communicatie en samenwerking tussen juridische teams en cliënten, waardoor realtime samenwerking, het veilig delen van bestanden en virtuele vergaderingen mogelijk worden, ongeacht de geografische locatie of tijdzone.

Laten we vervolgens de kansen en uitdagingen bespreken die technologie biedt voor advocaten en advocatenkantoren. Enerzijds biedt technologie enorme kansen voor innovatie, efficiëntie en groei in de advocatuur. Door technologische vooruitgang te omarmen, kunnen advocaten de klantenservice verbeteren, de operationele efficiëntie verbeteren en een concurrentievoordeel op de markt verwerven. Bovendien stelt technologie advocaten in staat hun bereik uit te breiden, nieuwe cliënten aan te trekken en juridische diensten betaalbaarder en gemakkelijker dan ooit tevoren te leveren. Aan de andere kant brengt technologie ook uitdagingen met zich mee, zoals zorgen over gegevensbeveiliging en privacy, ethische overwegingen met betrekking tot het gebruik van kunstmatige intelligentie en machinaal leren, en de behoefte aan voortdurende training en opleiding om gelijke tred te houden met de technologische vooruitgang.

Laten we nu eens kijken naar specifieke voorbeelden van technologische hulpmiddelen en platforms die de juridische praktijk transformeren. Documentautomatiseringssoftware, zoals contractbeheersystemen en platforms voor elektronische handtekeningen, stroomlijnt het opstellen en uitvoeren van juridische documenten, waardoor tijd wordt bespaard en fouten worden verminderd. E-discovery en data-analysetools stellen advocaten in staat grote hoeveelheden elektronisch bewijsmateriaal te doorzoeken, relevante informatie te identificeren en strategische beslissingen te nemen in rechtszaken en onderzoeken. Software voor praktijkbeheer, inclusief casemanagement- en factureringssystemen, centraliseert klantinformatie, houdt factureerbare uren bij en stroomlijnt administratieve taken, waardoor de efficiëntie en klantenservice worden verbeterd. Bovendien zorgen kunstmatige intelligentie en natuurlijke taalverwerkingstechnologieën voor een revolutie in juridisch onderzoek en analyse, waardoor advocaten snel relevante jurisprudentie, statuten en regelgeving kunnen vinden en inzichten kunnen verkrijgen ter ondersteuning van hun juridische argumenten en strategieën.

Laten we gemeenschappelijke uitdagingen en overwegingen bespreken bij het adopteren en integreren van technologie in de juridische praktijk. Eén uitdaging is het waarborgen van gegevensbeveiliging en vertrouwelijkheid, vooral bij het gebruik van cloudgebaseerde platforms en het online opslaan van gevoelige klantinformatie. Advocaten moeten proactieve maatregelen nemen om cliëntgegevens te beschermen, zoals het implementeren van encryptie, toegangscontroles en multi-factor authenticatie, en het naleven van gegevensbeschermingsregels en ethische verplichtingen met betrekking tot de vertrouwelijkheid van cliënten. Bovendien moeten advocaten op de hoogte blijven van opkomende technologieën en trends in het juridische technologielandschap, en bereid zijn hun praktijken dienovereenkomstig aan te passen en te ontwikkelen om concurrerend en relevant te blijven in het digitale tijdperk.

Kortom, technologie heeft de rechtspraktijk getransformeerd, waardoor advocaten efficiënter kunnen werken, effectiever kunnen communiceren en uitzonderlijke service aan cliënten kunnen leveren. Door technologische innovaties te omarmen kunnen advocaten de productiviteit verhogen, workflows stroomlijnen en een concurrentievoordeel op de markt verwerven. Het adopteren en integreren van technologie in de juridische praktijk vereist echter een zorgvuldige afweging van kansen en uitdagingen, evenals een toewijding aan voortdurend leren en aanpassen. Door technologie op een verantwoorde en ethisch verantwoorde manier in te zetten, kunnen advocaten de kracht van innovatie benutten om succes en excellentie in het dynamische en evoluerende rechtsgebied te stimuleren.

Pro Bono-werk: gerechtigheid dienen en gemeenschappen versterken

Pro bono-werk, of het op vrijwillige basis verlenen van juridische diensten aan individuen en organisaties in nood, is een hoeksteen van de inzet van de advocatuur voor toegang tot de rechter en openbare dienstverlening. Door pro bono-werk kunnen advocaten een betekenisvolle impact hebben op de levens van achtergestelde individuen, gemarginaliseerde gemeenschappen en non-profitorganisaties, terwijl ze ook de principes van eerlijkheid, gelijkheid en rechtvaardigheid hooghouden. In deze uitgebreide discussie onderzoeken we het belang van pro bono-werk, de impact ervan op zowel advocaten als de samenleving, en strategieën voor het effectief en ethisch uitoefenen van pro bono-diensten.

Laten we eerst en vooral het belang van pro bono werk in de advocatuur bespreken. Pro bono-werk speelt een cruciale rol bij het vergroten van de toegang tot de rechter voor degenen die zich geen juridische vertegenwoordiging kunnen veroorloven, waaronder personen met een laag inkomen, immigranten, slachtoffers van huiselijk geweld en anderen die met juridische problemen worden geconfronteerd. Door gratis of tegen lage kosten juridische diensten aan achtergestelde bevolkingsgroepen aan te bieden, kunnen advocaten helpen om een gelijk speelveld te creëren, fundamentele rechten te beschermen en ervoor te zorgen dat gerechtigheid voor iedereen toegankelijk is, ongeacht de sociaal-economische status of achtergrond. Pro bono-werk sluit ook aan bij de ethische verplichtingen en professionele verantwoordelijkheden van advocaten om het algemeen belang te dienen en de rechtsstaat te bevorderen.

Laten we nu eens kijken naar de impact van pro bono-werk op zowel advocaten als de samenleving. Voor advocaten biedt pro bono werk mogelijkheden voor persoonlijke en professionele groei, ontwikkeling van vaardigheden en voldoening. Door deel te nemen aan pro bono dienstverlening kunnen advocaten hun juridische expertise verbreden, praktische ervaring opdoen en een tastbaar verschil maken in de levens van anderen. Pro bono-werk versterkt ook de reputatie van de advocatuur en de inzet voor sociale verantwoordelijkheid, waardoor het vertrouwen van het publiek in het rechtssysteem wordt vergroot. Voor de samenleving draagt pro bono werk bij aan het grotere goed door het aanpakken van onvervulde juridische behoeften, het bevorderen van sociale rechtvaardigheid en het bevorderen van gelijkheid en billijkheid onder de wet. Door hun tijd en talenten vrijwillig aan te bieden om mensen in nood te helpen, spelen advocaten een cruciale rol bij het versterken van gemeenschappen, het empoweren van individuen en het bevorderen van het algemeen welzijn.

Laten we vervolgens strategieën bespreken om op een effectieve en ethische manier deel te nemen aan pro bono dienstverlening. Eén strategie is het identificeren van gebieden waar behoefte is aan en mogelijkheden voor pro bono werk binnen uw gemeenschap of juridische praktijk. Dit kan inhouden dat u samenwerkt met rechtsbijstandsorganisaties, non-profitorganisaties of advocatenverenigingen die pro bono-programma's en -initiatieven coördineren, of dat u op zoek gaat naar individuele gevallen of projecten die aansluiten bij uw interesses en expertise. Daarnaast is het belangrijk om duidelijke grenzen en verwachtingen vast te stellen voor pro bono-opdrachten, inclusief het definiëren van de reikwijdte van de diensten, het beheren van de verwachtingen van klanten en het effectief toewijzen van middelen om een kwaliteitsvertegenwoordiging te garanderen. Ten slotte moeten advocaten prioriteit geven aan voortdurende communicatie, samenwerking en ondersteuning van collega's, mentoren en pro bono-coördinatoren om de impact en effectiviteit van hun pro bono-inspanningen te maximaliseren.

Laten we veel voorkomende misvattingen en uitdagingen aanpakken die verband houden met pro bono-werk. Een misvatting is dat pro bono-werk alleen voorbehouden is aan advocaten met gespecialiseerde expertise of middelen. In werkelijkheid kunnen advocaten van alle achtergronden en praktijkgebieden bijdragen aan de pro bono dienstverlening, hetzij door het bieden van directe juridische vertegenwoordiging, het aanbieden van juridisch advies en counseling, of door deel te nemen aan belangenbehartiging en beleidsinitiatieven. Een andere uitdaging is het vinden van tijd om pro bono werk in evenwicht te brengen met factureerbaar werk voor klanten en andere professionele verplichtingen. Terwijl pro bono werk tijd en toewijding vergt, kunnen advocaten pro bono dienstverlening in hun praktijk integreren door prioriteit te geven aan kansen die aansluiten bij hun interesses en planning, en door gebruik te maken van de middelen en steun van hun kantoor of organisatie.

Concluderend: pro bono werk is een essentiële uitdrukking van de toewijding van de advocatuur aan toegang tot de rechter, openbare dienstverlening en sociale verantwoordelijkheid. Door hun tijd en talenten vrijwillig aan te bieden om mensen in nood te helpen, kunnen advocaten een betekenisvolle impact hebben op individuen, gemeenschappen en de samenleving als geheel. Door pro bono werk handhaven advocaten de principes van eerlijkheid, gelijkheid en rechtvaardigheid, en dragen ze bij aan een rechtvaardiger en rechtvaardiger rechtssysteem voor iedereen. Door pro bono dienstverlening te omarmen als een kernwaarde en professionele verantwoordelijkheid, kunnen advocaten ervoor zorgen dat de belofte van gerechtigheid voor iedereen toegankelijk is, ongeacht hun vermogen om te betalen.

Mondiale juridische praktijken: navigeren door de complexiteit van het internationaal recht

Mondiale juridische praktijken omvatten een breed scala aan juridische diensten en activiteiten die de nationale grenzen overstijgen en cliënten met uiteenlopende behoeften en belangen bedienen in een steeds meer onderling verbonden wereld. Van multinationale ondernemingen en internationale organisaties tot individuen en overheden: cliënten zoeken juridisch advies en vertegenwoordiging over een verscheidenheid aan grensoverschrijdende kwesties, waaronder internationale handel, investeringen, immigratie en mensenrechten. In deze uitgebreide discussie onderzoeken we de aard van de mondiale juridische praktijken, de uitdagingen en kansen die deze voor advocaten bieden, en strategieën om door de complexiteit van het internationaal recht te navigeren.

Laten we eerst en vooral de aard van de mondiale juridische praktijken bespreken en de soorten diensten die zij aanbieden. Mondiale juridische praktijken omvatten een breed spectrum aan juridische diensten, waaronder onder meer transactioneel werk, geschillenbeslechting, naleving van de regelgeving en adviesdiensten. Advocaten die werkzaam zijn in mondiale rechtspraktijken kunnen zich specialiseren in verschillende gebieden van het internationaal recht, zoals internationale handel en investeringen, ondernemings- en handelsrecht, arbitrage en geschillenbeslechting, mensenrechten en humanitair recht, of grensoverschrijdende rechtszaken en handhaving. Deze advocaten adviseren cliënten over een breed scala aan grensoverschrijdende kwesties, waaronder fusies en overnames, joint ventures, grensoverschrijdende transacties, bescherming van intellectueel eigendom, naleving van de regelgeving en internationale geschillen.

Laten we nu eens kijken naar de uitdagingen en kansen die de mondiale juridische praktijk biedt. Eén uitdaging is het navigeren door de complexiteit van het internationaal recht, wat kan betekenen dat je door verschillende rechtssystemen, talen, culturen en regelgevingskaders in meerdere rechtsgebieden moet navigeren. Advocaten moeten beschikken over sterke analytische vaardigheden, culturele competentie en interculturele communicatieve vaardigheden om cliënten effectief te vertegenwoordigen in mondiale juridische zaken. Bovendien vereisen de mondiale juridische praktijken dat advocaten op de hoogte blijven van ontwikkelingen in het internationale recht, mondiale trends en opkomende kwesties die van invloed kunnen zijn op de belangen en activiteiten van hun cliënten. Dit vereist voortdurende training, opleiding en professionele ontwikkeling om de expertise en competentie op dit gebied op peil te houden.

Laten we vervolgens strategieën bespreken voor het navigeren door de complexiteit van het internationaal recht en het opbouwen van een succesvolle mondiale rechtspraktijk. Eén strategie is het ontwikkelen van een diepgaand inzicht in de wettelijke en regelgevende kaders die internationale transacties en geschillen beheersen, inclusief internationale verdragen, conventies en internationaal gewoonterecht. Advocaten moeten ook relaties onderhouden met lokale advocaten, deskundigen en belanghebbenden in belangrijke rechtsgebieden om cliënten uitgebreid juridisch advies en vertegenwoordiging te bieden. Bovendien moeten advocaten gebruik maken van technologie en middelen, zoals juridische onderzoeksdatabases, vertaalhulpmiddelen en internationale juridische netwerken, om toegang te krijgen tot informatie, samen te werken met collega's en cliënten efficiënt en effectief over de grenzen heen te bedienen.

Laten we veel voorkomende misvattingen en uitdagingen aanpakken die verband houden met mondiale juridische praktijken. Eén misvatting is dat mondiale juridische praktijken alleen weggelegd zijn voor grote, multinationale advocatenkantoren of advocaten met uitgebreide internationale ervaring. In werkelijkheid kunnen advocaten van alle achtergronden en praktijkgebieden zich bezighouden met de mondiale juridische praktijk, hetzij door het vertegenwoordigen van multinationale ondernemingen, het adviseren van individuen over grensoverschrijdende transacties, of het bepleiten van mensenrechten en sociale rechtvaardigheid op het internationale toneel. Een andere uitdaging is het waarborgen van de naleving van lokale wet- en regelgeving in meerdere rechtsgebieden, waarvoor mogelijk coördinatie met lokale advocaten, overheidsinstanties en regelgevende instanties nodig is om door complexe juridische omgevingen te kunnen navigeren en de juridische risico's voor cliënten te minimaliseren.

Concluderend: mondiale juridische praktijken spelen een cruciale rol bij het dienen van de uiteenlopende behoeften en belangen van cliënten in een steeds meer onderling verbonden wereld. Door juridisch advies en vertegenwoordiging te bieden over grensoverschrijdende kwesties helpen mondiale juridische praktijken cliënten bij het navigeren door de complexiteit van het internationale recht, het vergroten van hun mondiale voetafdruk en het bereiken van hun zakelijke en juridische doelstellingen. Advocaten die in mondiale juridische praktijken werken, moeten beschikken over sterke analytische vaardigheden, culturele competentie en interculturele communicatieve vaardigheden om cliënten effectief te vertegenwoordigen in mondiale juridische zaken. Door de uitdagingen en kansen van de mondiale juridische praktijk te omarmen, kunnen advocaten een betekenisvolle impact hebben op individuen, organisaties en samenlevingen over de hele wereld, waardoor rechtvaardigheid, eerlijkheid en de rechtsstaat op mondiale schaal worden bevorderd.

Conclusie

Kortom, de advocatuur is een dynamisch en veelzijdig vakgebied dat een breed scala aan praktijkgebieden, specialismen en rollen omvat. Van aspirant-rechtenstudenten die aan hun juridische opleiding beginnen tot doorgewinterde advocaten die zich bezighouden met complexe juridische kwesties en mondiale uitdagingen: de advocatuur biedt kansen voor groei, leren en impact in elke fase van iemands carrière.

Tijdens deze uitgebreide discussie hebben we belangrijke onderwerpen en thema's onderzocht die relevant zijn voor zowel aspirant- als praktiserende advocaten, waaronder juridisch onderwijs, loopbaanontwikkeling, beroepsethiek en de rol van technologie in het recht. We hebben het belang besproken van fundamentele vaardigheden zoals juridisch onderzoek en schrijven, communicatie met klanten en etiquette in de rechtszaal, maar ook meer geavanceerde onderwerpen zoals onderhandelingstechnieken, het opbouwen van een professioneel netwerk en de overgang naar partnerschap.

We hebben ook de bredere context van de juridische praktijk onderzocht, inclusief de impact van de mondialisering, de opkomst van technologie en de toenemende vraag naar pro bono dienstverlening en sociale verantwoordelijkheid. Door innovatie, diversiteit en toewijding aan dienstverlening te omarmen, kunnen advocaten de complexiteit van de advocatuur doorkruisen, betekenisvolle bijdragen leveren aan hun cliënten, gemeenschappen en de samenleving, en de principes van rechtvaardigheid, eerlijkheid en de rechtsstaat hooghouden.

Terwijl het juridische landschap blijft evolueren en zich blijft aanpassen aan veranderende sociale, economische en technologische trends, moeten advocaten wendbaar en flexibel blijven en zich inzetten voor een leven lang leren en professionele ontwikkeling. Door geïnformeerd, betrokken en proactief te blijven in hun benadering van de juridische praktijk, kunnen advocaten zichzelf positioneren voor succes en voldoening in het dynamische en lonende rechtsgebied.

Uiteindelijk biedt de advocatuur eindeloze mogelijkheden voor groei, impact en service, en het is aan elke individuele advocaat om zijn eigen pad uit te stippelen, zijn passies na te streven en door zijn werk een verschil te maken in de wereld. Of ze nu pleiten voor gerechtigheid in de rechtszaal, cliënten adviseren over complexe juridische kwesties, of bijdragen aan het grotere goed door middel van pro bono dienstverlening en werk van algemeen belang, advocaten hebben de macht om de toekomst van het recht en de samenleving ten goede vorm te geven.

www.ingramcontent.com/pod-product-compliance
Lightning Source LLC
Chambersburg PA
CBHW070109230526
45472CB00004B/1190